Jan Chozen Bays

Achtsamkeit
ON THE GO

Leichte Meditationen für unterwegs

*Aus dem amerikanischen Englisch übersetzt
von Stephan Schuhmacher*

WINDPFERD

Titel der Originalausgabe
How to Train a Wild Elephant & Other Adventures in Mindfulness
Shambhala Publications, Inc., 4720 Walnut Street #106
Boulder, CO 80301 U.S.A.
www.shambhala.com

© 2011, 2014 Jan Chozen Bays
Aus dem amerikanischen Englisch übertragen von Stephan Schuhmacher

Dieses Buch ist eine gekürzte Version von
*Achtsam durch den Tag · 53 federleichte Übungen
zur Schulung der* Achtsamkeit © 2011

4. Auflage 2018
Windpferd Pocket ON THE GO
© 2011, 2016 Windpferd Verlagsgesellschaft mbH, Oberstdorf
Alle Rechte vorbehalten.
Kein Teil des Buches darf in irgendeiner Form oder zu irgendeinem Zweck
elektronisch oder mechanisch, einschließlich Fotokopie, Recording
und Wiederherstellung, ohne schriftliche Genehmigung des Verlages
wiedergegeben werden.
Cover-Idee und -Design: Unser Dank geht an Hazel Bercholz
Cover: Andrea Barth, Guter Punkt GmbH & Co. KG, München
Satz und Layout: Marx Grafik & ArtWork
Gesetzt aus der Adobe Text
Druck und Bindung: C. H. Beck, Nördlingen

Printed in Germany · ISBN 978-3-86410-116-8
www.windpferd.de

Inhalt

Einführung		5
	Die Vorteile der Achtsamkeit	14
	Missverständnisse über Achtsamkeit	35
	Eine Gebrauchsanweisung für dieses Buch	37
1	Die nichtdominante Hand benutzen	45
2	Füllwörter	51
3	Die eigenen Hände wahrnehmen	58
4	Beim Essen nur essen	64
5	Wahre Komplimente	71
6	Auf Klänge lauschen	80
7	Liebevolle Berührung	86
8	Warten	94
9	Im Geheimen Gutes tun	102
10	Nur drei Atemzüge	108
11	In neue Räume eintreten	115
12	Lassen Sie die Hände ruhen	121
13	Ja sagen	128

14	Die Fußsohlen	135
15	Ein Bissen nach dem anderen	141
16	Das Leiden studieren	147
17	Gerüche bemerken	155
18	Diese Person könnte heute Nacht sterben	164
19	Hitze und Kälte	170
20	Abneigung bemerken	179
21	Zuhören wie ein Schwamm	186
22	Wertschätzung	193
23	Achtsames Autofahren	199
24	Tief in die Nahrung hineinsehen	206
25	Liebende Güte für den Körper	215
26	Lächeln	222

Sitzmeditation für Anfänger	231
Literaturempfehlungen	238
Über die Autorin	239

Einführung

Oft höre ich Menschen sagen: „Ich würde ja gern Achtsamkeit praktizieren, aber ich habe so viel zu tun, dass ich einfach keine Zeit dafür habe."

Die meisten Menschen glauben, Achtsamkeit sei etwas, das sie irgendwie in einen schon übervollen Terminplan mit Beruf, Kindererziehung und Hausarbeit hineinquetschen müssten. Doch Achtsamkeit zu einem Teil Ihres Lebens zu machen, hat in Wirklichkeit mehr von einem Spiel wie ‚Verbinden Sie die Punkte' oder einem ‚Malen nach Zahlen'. Erinnern Sie sich an jene Malvorlagen, auf denen jeder Teilbereich mit einer Zahl markiert war, die Ihnen sagte, welche Farbe Sie hier verwenden sollten? Ein hübsches Bild trat langsam hervor, indem

Sie zuerst alle braunen, dann alle grünen und alle blauen Felder ausmalen.

Achtsamkeit zu üben, ist etwas ganz Ähnliches. Sie beginnen mit einem kleinen Teilbereich Ihres Lebens – sagen wir mit der Weise, wie Sie ans Telefon gehen. Wann immer es klingelt, halten Sie erst einmal inne, bevor Sie den Anruf annehmen, um drei langsame, tiefe Atemzüge zu nehmen. Sie machen dies etwa eine Woche lang, bis es zu einer Gewohnheit geworden ist. Dann fügen Sie eine weitere Achtsamkeitsübung, wie etwa das aufmerksame Essen, hinzu. Haben Sie diese Form der Präsenz in Ihr Leben integriert, fügen Sie eine weitere hinzu. Allmählich sind Sie dann im Alltag zunehmend präsent und aufmerksam. Die erfreuliche Erfahrung eines erwachten Lebens beginnt sich zu entwickeln.

Die Übungen in diesem Buch verweisen auf viele unterschiedliche Bereiche in Ihrem Leben, die Sie mit den warmen Farben einer offenherzigen Achtsamkeit ausfüllen können. Ich bin Meditationslehrerin und lebe in einem Zen-Kloster in Oregon. Ich bin aber auch Kinderärztin, Ehefrau, Mutter und Großmutter, und deshalb weiß ich sehr wohl, wie anstrengend und herausfordernd der Alltag sein kann. Viele dieser Übungen habe ich als Hilfe entwickelt, um inmitten des Ablaufs eines geschäftigen Lebens wacher, glücklicher und entspannter zu werden. Jetzt biete ich diese Sammlung all jenen an, die gern präsenter sein und die kleinen Momente des Lebens stärker genießen möchten. Um wieder Friede und Gleichgewicht in Ihr Leben zu bringen, müssen Sie nicht einen Monat lang in ein Kloster oder in eine Meditationsklausur gehen. Sie stehen Ihnen schon jetzt offen. Die tägliche Achtsamkeitsübung wird Ihnen helfen, Erfüllung und Befriedigung in ebendem Leben zu finden, das Sie jetzt führen.

Was ist Achtsamkeit und warum ist sie wichtig?

Unter Forschern, Psychologen, Ärzten, Erziehern, aber auch in der allgemeinen Öffentlichkeit hat das Interesse an Achtsamkeit während der letzten Jahre enorm zugenommen. Es gibt inzwischen eine Menge wissenschaftlicher Forschungsergebnisse, die die Vorteile der Achtsamkeit für die körperliche und geistige Gesundheit belegen. Doch was genau meinen wir mit „Achtsamkeit"?

Hier ist die Definition, die ich gern verwende:

> Achtsamkeit bedeutet, dem, was um Sie herum und in Ihnen geschieht – in Ihrem Körper, Herzen und Geist –, bewusst die volle Aufmerksamkeit zu schenken. Achtsamkeit ist Aufmerksamkeit ohne Kritik und ohne Urteil.

Manchmal sind wir achtsam und manchmal nicht. Ein gutes Beispiel ist das Achten auf Ihre Hände am Steuer eines Autos. Erinnern Sie sich an Ihre erste Fahrstunde und daran, wie der Wagen damals in Schlangenlinien vorankam, während Ihre Hände das Steuer ungeschickt hin und her drehten, korrigierten und überkorrigierten. Sie waren hellwach und ganz und gar auf die Mechanik des Autofahrens konzentriert. Nach einer Weile lernten Ihre Hände dann, richtig zu steuern und automatisch feine Korrekturen vorzunehmen. Sie vermochten den Wagen flüssig voranrollen zu lassen, ohne noch bewusst auf Ihre Hände zu achten. Sie konnten gleichzeitig lenken, reden, essen und Radio hören.

Dies ist ein Beispiel für eine Erfahrung, die wir alle bereits gemacht haben – die des Fahrens, während wir auf Autopilot geschaltet haben. Sie suchen nach den Schlüsseln, öffnen die Autotür, setzen vorsichtig aus der Auffahrt zurück und ... fahren in die Parkgarage am Arbeitsplatz. Aber Moment mal! Was passierte mit den dreißig Kilometern und vierzig Minuten, die zwischen Ihrem Haus und dem Arbeitsplatz liegen? Waren die Ampeln rot oder grün? Ihr Geist hat in irgendeinem angenehmen oder auch betrüblichen Bereich Ferien gemacht, während Ihr Körper Ihr Gefährt geschickt durch den fließenden Verkehr und Wartezeiten an roten Ampeln manövriert hat, bis Sie plötzlich an

Ihrem Bestimmungsort wieder aufgewacht sind.

Ist das etwas Schlechtes? Es ist nicht schlecht in dem Sinne, dass Sie sich deshalb schämen oder schuldig fühlen sollten. Wenn Sie in der Lage sind, seit Jahren auf Autopilot zur Arbeit zu fahren, ohne einen Unfall zu bauen, dann ist das eine reife Leistung! Wir könnten jedoch sagen, dass es traurig ist. Verbringen wir nämlich viel Zeit, in der unser Körper eine Sache tut, während unser Geist woanders Ferien macht, so bedeutet dies, dass wir für einen guten Teil unseres Lebens nicht präsent sind. Und sind wir nicht präsent, dann haben wir dauernd ein vages Gefühl des Unbefriedigtseins. Dieses Gefühl der Unzufriedenheit, einer Kluft zwischen uns selbst und allen anderen Dingen und Menschen, ist eines der Grundprobleme des menschlichen Lebens. Es führt zu jenen Momenten, in denen uns ein Gefühl tiefen Zweifels und abgrundtiefer Einsamkeit durchfährt.

Der Buddha nannte dies die „Erste Wahrheit": die Tatsache, dass jeder Mensch irgendwann diese Not erfährt. Natürlich gibt es in unserem Leben auch viele glückliche Momente, doch wenn unsere Freunde nach Hause gegangen sind, wenn wir einsam oder müde sind oder wenn wir uns enttäuscht, traurig oder betrogen fühlen, dann tauchen die Unzufriedenheit und das Unglücklichsein wieder auf.

Wir alle versuchen es mit rezeptfreien Heilmitteln – mit Essen, Drogen, Sex, Überarbeitung, Alkohol, Kino, Einkaufen, Spielen –, um das Leiden des gewöhnlichen Lebens als Menschenwesen zu lindern. Alle diese Heilmittel funktionieren für eine Weile, aber die meisten von ihnen haben Nebenwirkungen – wie etwa Schulden, einen Filmriss, Inhaftierung oder den Verlust von jemandem, den wir lieben –, und damit vergrößern sie auf lange Sicht unser Leiden nur noch.

Die Packungsbeilage dieser rezeptfreien Heilmittel besagt: „Nur zur vorübergehenden Linderung von Symptomen geeignet. Wenn die Symptome anhalten, suchen Sie einen Arzt auf." Im Laufe vieler Jahre habe ich ein verlässliches Heilmittel zur Linderung des immer wieder auftretenden Unbehagens und Unglücklichseins gefunden. Ich habe es mir selbst und vielen anderen Menschen verschrieben – mit ausgezeichneten Ergebnissen. Es ist die regelmäßige Übung von Achtsamkeit.

Viele der Unzufriedenheiten mit dem Leben werden verschwinden und viele einfache Freuden werden auftauchen, wenn wir lernen, für die Dinge, so wie sie sind, präsent zu sein.

Sie haben bereits Augenblicke der achtsamen Aufmerksamkeit erlebt. Jeder Mensch kann sich wenigstens an eine Gelegenheit erinnern, bei der er vollkommen wach war und alles klar und lebendig wurde. Wir nennen diese Momente Gipfelerfahrungen. Es kann dazu kommen, wenn wir etwas ungewöhnlich Schönes oder Beeindruckendes erfahren, wie etwa die Geburt eines Kindes oder den Tod eines geliebten Menschen. Es kann auch geschehen, wenn unser Auto ins

Schleudern gerät. Die Zeit verlangsamt sich, während wir beobachten, ob es zu einem Unfall kommt oder nicht. Aber es muss gar nichts Dramatisches sein. Es kann während eines gewöhnlichen Spaziergangs dazu kommen, wenn wir um eine Ecke gehen und plötzlich alles für einen Augenblick leuchtet.

Was wir Gipfelerfahrungen nennen, sind Zeiten, zu denen wir vollkommen wach sind. Unser Leben und unsere Aufmerksamkeit sind nicht voneinander getrennt, sie sind eins. In diesen Momenten schließt sich die Kluft zwischen uns und allem anderen und das Leiden verschwindet. Wir fühlen uns zufrieden. Tatsächlich sind wir jenseits von Zufriedenheit und Unzufriedenheit. Wir sind gegenwärtig. Wir sind Gegenwart. Wir erhalten eine vielversprechende Kostprobe von dem, was die Buddhisten das erleuchtete Leben nennen.

Diese Momente verblassen unweigerlich und schon sind wir wieder getrennt – und sauer darüber. Wir können das Eintreten von Gipfelerfahrungen oder Erleuchtung nicht erzwingen. Das Werkzeug der Achtsamkeit kann uns jedoch helfen, die Lücken zu schließen, die unser Unglücklichsein verursachen. Achtsamkeit vereinigt unseren Körper, unser Herz und unseren Geist und bringt sie in gesammelter Aufmerksamkeit zusammen. Wenn wir auf diese Weise vereinigt sind, wird die Schranke zwischen „Ich" und „alles andere" immer durchlässiger, bis sie in einem einzigen Augenblick verschwindet! Für eine Weile, manchmal nur für einen kurzen Moment, aber gelegentlich auch für ein ganzes Leben, ist alles ganz, ist alles heilig und in Frieden.

Die Vorteile der Achtsamkeit

Die Übung von Achtsamkeit hat viele Vorzüge. Forschungen über das Glücklichsein, die Brown und Ryan an der Universität von Rochester angestellt haben, haben gezeigt, dass „Menschen mit großer Achtsamkeit exemplarisch sind für Menschen, die geistig gesund sind sowie blühen und gedeihen". Achtsamkeit ist gut gegen alle Erkrankungen Ihres

Herzens, Ihres Geistes und sogar Ihres Körpers. Aber glauben Sie mir das nicht nur, weil ich es gesagt habe. Versuchen Sie es für ein Jahr mit den Übungen in diesem Buch und finden Sie heraus, wie sie Ihr Leben verändern.

Hier sind einige der Vorteile der Achtsamkeit, die ich entdeckt habe:

1. Achtsamkeit spart Energie

Zum Glück können wir lernen, Aufgaben fachgerecht zu erledigen. Bedauerlicherweise erlaubt uns diese Fähigkeit jedoch, dabei unbewusst zu werden. Bedauerlich ist dies deshalb, weil wir einen großen Teil unseres Lebens versäumen, sobald wir unbewusst werden. Wenn wir „auschecken", dann wandert unser Geist gern zu einem von drei Orten: der Vergangenheit, der Zukunft oder dem Land der Phantasie. Diese drei Bereiche besitzen außerhalb unserer Vorstellung keinerlei Realität. Genau hier, wo wir sind, ist der einzige Ort, an dem, und genau jetzt ist die einzige Zeit, zu der sich unser Leben abspielt.

Das Vermögen des menschlichen Geistes, sich an die Vergangenheit zu erinnern, ist eine einzigartige Gabe. Es hilft uns, aus unseren Irrtümern zu lernen und eine unvorteilhafte Ausrichtung unseres Lebens zu verändern. Schwenkt unser Geist jedoch zurück in die Vergangenheit, dann beginnt er oft, endlos über zurückliegende Fehler nachzugrübeln. „Hätte ich nur dieses gesagt ..., dann hätte sie bestimmt jenes gesagt ..." Unglücklicherweise scheint unser Geist uns für dumm zu halten. Er bringt unsere Fehler der Vergangenheit immer wieder aufs Tapet, wiederholt dabei ständig seine Beschuldigungen und Kritik. Nie würden wir 250-mal bezahlen, um uns denselben schmerzvollen Film anzusehen, doch wir lassen zu, dass unser Geist eine unangenehme Erinnerung immer und immer wieder abspielt, und wir erfahren dabei jedes Mal dieselbe Scham und dieselbe Bekümmerung. Nie würden wir ein Kind 250-mal an einen kleinen Fehler, den es gemacht hat, erinnern, aber wir lassen zu, dass unser Geist immer weiter die Vergangenheit heraufbeschwört und unser kleines inneres Wesen Scham und Wut aussetzt. Es sieht so aus, als fürchtete unser Geist, noch einmal einem Fehlurteil, der Unwissenheit oder Unachtsamkeit zum Opfer zu fallen. Er scheint uns nicht für klug zu halten – klug genug, um aus einem Fehler zu lernen und ihn nicht zu wiederholen.

Dummerweise bringt ein angsterfüllter Geist mit einer gewissen Wahrscheinlichkeit gerade das hervor, was er am meisten fürchtet. Dem ängstlichen Geist ist nicht klar, dass er nicht für die Gegenwart wach ist, wenn er uns in Tagträume und Bedauern über die Vergangenheit verstrickt. Sind wir nicht fähig, präsent zu sein, dann neigen wir dazu, wenig weise und geschickt zu handeln. Es ist wahrscheinlich, dass wir dann genau das tun, was unser Geist befürchtet.

Die Fähigkeit des menschlichen Geistes, für die Zukunft vorauszuplanen, ist eine weitere unserer einzigartigen Gaben. Sie stellt uns eine Landkarte und einen Kompass zur Verfügung, nach denen wir steuern können.

Dies verringert die Wahrscheinlichkeit, dass wir falsch abbiegen und einen langen Umweg machen werden. Sie vergrößert die Wahrscheinlichkeit, dass wir unser Lebensende zufrieden mit unserem Lebensweg und mit dem, was wir geschafft haben, erreichen.

Unglücklicherweise versucht unser Geist in seiner Sorge um uns, Pläne für eine riesige Zahl von möglichen Zukünften zu machen, von denen die meisten niemals eintreten. Diese ständigen Bocksprünge in die Zukunft sind eine Verschwendung unserer mentalen und emotionalen Energie. Die beste Vorbereitung auf die unbekannte Zukunft besteht darin, einen vernünftigen Plan zu machen und dann auf das zu achten, was eben jetzt geschieht. Dann können wir das, was auf uns zufließt, mit einem klaren, flexiblen Geist und mit offenem Herzen begrüßen. Dann sind wir bereit und fähig, unsere Pläne zu verändern und sie der Realität des Augenblicks anzugleichen.

Der Geist liebt es ebenfalls, Ausflüge in das Reich der Phantasie zu unternehmen, indem er einen inneren Film eines neuen und anderen Ichs kreiert – eines berühmten, schönen, machtvollen, talentierten, erfolgreichen, reichen und geliebten Ichs. Das Vermögen des menschlichen Geistes zu phantasieren ist etwas Wunderbares; es ist die Grundlage all unserer Kreativität. Es macht es uns möglich, uns neue Erfindungen vorzustellen, neue Kunstwerke und Kompositionen zu schaffen, neue wissenschaftliche Hypothesen aufzustellen und Pläne für etwas zu entwerfen, das von einem neuen Haus bis zu neuen Kapiteln unseres Lebens reichen kann. Unglücklicherweise kann das auch zu einer Flucht werden – einer Flucht vor allem, was am gegenwärtigen Augenblick unangenehm ist, einer Flucht aus der Angst vor dem Nichtwissen um das, was gegenwärtig auf uns zukommt, einer Flucht vor der Furcht, dass der nächste Moment (oder die nächste Stunde oder das nächste Jahr) uns Schwierigkeiten oder den Tod bringen könnte. Unablässiges Phantasieren und Tagträumen ist etwas anderes als zielgerichtete Kreativität.

Kreativität entsteht daraus, dass der Geist in Neutralität verweilt, sodass er sich klären kann und eine saubere Leinwand entsteht, auf der neue Ideen, Gleichungen, Gedichte, Melodien oder farbenfrohe Pinselstriche entstehen können.

Gestatten wir es dem Geist, in der Gegenwart zu ruhen, voll von dem, was tatsächlich genau jetzt geschieht, und ziehen wir ihn ab von wiederholten fruchtlosen, unsere Energie aufzehrenden Ausflügen in die Vergangenheit, die Zukunft und in Phantasiewelten, dann tun wir etwas sehr Wichtiges. Wir erhalten die Energie des Geistes. Er bleibt frisch und offen, bereit, auf alles zu reagieren, was in ihm auftaucht.

Das mag sich trivial anhören, aber das ist es keineswegs. Gewöhnlich ruht unser Geist nie. Selbst während der Nacht ist er aktiv und erzeugt aus einer Mischung aus unseren Ängsten und den Ereignissen unseres Lebens Träume. Wir wissen, dass unser Körper ohne Verschnaufpausen nicht funktionieren kann, deshalb gönnen wir ihm jede Nacht wenigstens ein paar Stunden, in denen er sich hinlegen und ausruhen kann. Wir vergessen jedoch, dass auch unser Geist Ruhephasen braucht. Er findet sie im gegenwärtigen Moment, in dem er sich niederlassen und sich dem Fluss der Ereignisse überantworten kann.

Die Übung der Achtsamkeit erinnert uns daran, unsere Energie nicht für Reisen in die Vergangenheit und die Zukunft zu vergeuden, sondern immer wieder an ebendiesen Ort zurückzukehren und in dem zu ruhen, was genau jetzt geschieht.

2. Achtsamkeit schult und stärkt den Geist

Wir wissen alle, dass man den Körper trainieren kann. Wir können beweglicher werden (Turner und Akrobaten), graziöser (Balletttänzer), geschickter (Pianisten) oder stärker (Gewichtheber). Der Tatsache jedoch, dass es viele Aspekte des Geistes gibt, die man kultivieren kann, sind wir uns weniger bewusst. Kurz vor seiner Erleuchtung beschrieb der Buddha die Eigenschaften von

Herz und Geist, die er über viele Jahre entwickelt hatte. Er hatte beobachten können, dass sein Geist „gesammelt, gereinigt, licht, unbefleckt, geschmeidig, gehorsam, frei von Mängeln und unerschütterlich" geworden war. Wenn wir Achtsamkeit üben, lernen wir, den Geist aus seiner gewohnheitsmäßigen Voreingenommenheit herauszuheben und ihn an einem Ort unserer Wahl abzusetzen, um einen bestimmten Bereich unseres Lebens zu erhellen. Wir schulen ihn darin, leicht, machtvoll und flexibel zu sein und sich auf das zu konzentrieren, worauf wir ihn richten möchten.

Der Buddha sprach von der Notwendigkeit, den Geist zu zähmen. Er verglich diesen Vorgang mit dem Zähmen eines wilden Elefanten aus dem Dschungel. So wie ein wilder Elefant Schaden anrichten kann, indem er die Ernte niedertrampelt und Menschen verletzt, so kann der ungezähmte und launische Geist uns selbst und den Menschen um uns herum schaden. Unser menschlicher Geist besitzt viel mehr Macht und viel größere Kräfte, als uns klar ist. Die Achtsamkeit ist ein wirksames Instrument zur Schulung des Geistes; sie verschafft uns Zugang zum wahren Potenzial des Geistes – zu Einsicht, Freundlichkeit und Kreativität – und ermöglicht uns, es zu nutzen.

Der Buddha wies darauf hin, dass man einen wilden Elefanten, nachdem man ihn eingefangen und aus dem Dschungel herausgeführt hat, erst einmal an einen Pfahl binden muss. Was unseren Geist angeht, so nimmt der Pfahl die Form dessen an, worauf wir die Aufmerksamkeit in unserer Achtsamkeitsübung richten – zum Beispiel die Form des Atems, des Essens in unserem Mund, unserer Körperhaltung. Wir verankern den Geist, indem wir ihn immer und immer wieder zu einer Sache zurückkehren lassen. Das beruhigt ihn und befreit ihn von Ablenkungen.

Ein wilder Elefant hat viele ungestüme Gewohnheiten. Er läuft weg, wenn sich ihm Menschen nähern. Er greift an, wenn er sich fürchtet. Mit unserem Geist ist es ganz ähnlich. Wenn er Gefahr spürt, rennt er vor der

Gegenwart davon. Er flüchtet sich in angenehme Phantasien, in Gedanken an künftige Rache, oder er wird einfach taub. Wenn er verängstigt ist, greift er vielleicht in einem Wutausbruch andere Menschen an, oder er richtet den Angriff nach innen mit stiller, aber zersetzender Selbstkritik.

Zu Lebzeiten des Buddha wurden Elefanten als Reittiere für den Krieg trainiert; man brachte ihnen bei, Befehlen zu gehorchen, ohne vor dem Lärm und dem Chaos auf dem Schlachtfeld zu fliehen. So kann auch ein durch Achtsamkeit geschulter Geist den sich schnell verändernden Bedingungen des modernen Lebens unerschütterlich standhalten. Ist unser Geist erst einmal gezähmt, vermag er ruhig und gefestigt zu bleiben, wenn er mit den unvermeidlichen Schwierigkeiten in dieser Welt konfrontiert wird. Schließlich laufen wir nicht mehr vor Problemen davon, sondern sehen sie als eine Möglichkeit, unsere physische und mentale Stabilität auf die Probe zu stellen und auszubauen.

Die Achtsamkeit hilft uns, die gewohnheitsmäßigen und konditionierten Fluchtmechanismen unseres Geistes zu erkennen, und gestattet es uns, eine alternative Weise des In-der-Welt-Seins auszuprobieren. Diese Alternative besteht darin, unseren Geist in den tatsächlichen Ereignissen des gegenwärtigen Augenblicks ruhen zu lassen – in den Klängen, die wir mit den Ohren hören, den Empfindungen, die wir über unsere Haut fühlen, den Farben und Formen, die die Augen aufnehmen. Achtsamkeit hilft, das Herz und den Geist zu stabilisieren, sodass sie von den unvorhergesehenen Ereignissen in unserem Leben nicht mehr so heftig durchgerüttelt werden. Üben wir Achtsamkeit lange und geduldig genug, dann interessieren wir uns schließlich für alles, was geschieht; wir werden neugierig darauf, was wir aus Widrigkeiten und schließlich sogar aus unserem eigenen Tod lernen können.

3. Achtsamkeit ist gut für die Umwelt

Der größte Teil dieser mentalen Aktivität, die endlos in den Reichen der Vergangenheit, der Zukunft und der Phantasie umherwandert, ist nicht nur nutzlos, sondern auch destruktiv. Warum? Sie wird nämlich angetrieben von einem ökologisch schädlichen Treibstoff: der Angst.

Sie fragen sich vielleicht, was Angst denn mit Ökologie zu tun hat. Wenn wir von Ökologie sprechen, dann denken wir gewöhnlich an eine Welt der physischen Beziehungen zwischen Lebewesen, etwa der Beziehungen zwischen Bakterien, Pilzen, Pflanzen und Tieren in einem Wald. Aber ökologische Beziehungen basieren auf einem Austausch von Energie – und Angst ist eine Energie.

Wir sind uns vielleicht dessen bewusst, dass es sich schädlich auf ein ungeborenes Kind auswirken kann, wenn eine Mutter in chronischer Angst lebt und sich deshalb der Fluss der Nährstoffe und der Hormone verändert, die den Fötus überfluten. Wenn wir Angst haben, dann beeinflusst das gleichermaßen die vielen „Lebewesen" in unserem Inneren – unser Herz, unsere Leber, unseren Darm, die Milliarden von Bakterien in unserem Darm, unsere Haut. Die negativen Auswirkungen von Angst und Sorge sind nicht auf unseren Behälter, unseren Körper, beschränkt. Unsere Angst beeinflusst auch jedes Wesen, mit dem wir in Kontakt kommen. Angst ist ein höchst ansteckender Geisteszustand, der sich schnell über ganze Familien, Gemeinschaften und sogar Nationen ausbreitet.

Achtsamkeit bedeutet, dass wir unseren Geist an einem Ort ruhen lassen, an dem es keine Angst und keine Sorge gibt. Tatsächlich finden wir dort das genaue Gegenteil. Wir entdecken Einfallsreichtum, Mut und ein stilles Glück.

Wo befindet sich dieser „Ort"? Er kann nicht geographisch oder zeitlich lokalisiert werden. Er ist die fließende Zeit und der Ort des gegenwärtigen Augenblicks. Angst wird von den Gedanken an Vergangenheit und Zukunft genährt. Wenn wir diese Gedanken fahren lassen, dann lassen wir auch die Angst fahren und sind in Frieden. Doch wie gelingt uns dies? Wir lassen unsere Gedanken los, indem wir vorübergehend Energie von der Denkfunktion des Geistes abziehen und diese der Aufmerksamkeitsfunktion des Geistes zuführen. Diese bewusste Zufuhr von Energie ist die Essenz der Achtsamkeit. Entspannte, wache Aufmerksamkeit ist das Gegenmittel gegen Angst und Sorge, sowohl gegen unsere eigene als auch gegen die der anderen. Sie ist eine ökologisch förderliche Weise, ein menschliches Leben zu führen; sie verändert die Atmosphäre zum Besseren.

4. Achtsamkeit erzeugt Vertrautheit

Das, wonach wir am meisten hungern, ist nicht Nahrung, sondern Vertrautheit. Wenn es in unserem Leben an Intimität mangelt, dann fühlen wir uns von anderen Wesen getrennt, allein, verletzlich und in dieser Welt nicht geliebt.

Gewöhnlich erwarten wir, dass andere Menschen unser Bedürfnis nach Intimität befriedigen. Unsere Partner und Freunde können jedoch nicht immer so für uns da sein, wie wir es benötigen. Glücklicherweise ist uns stets eine sehr tief gehende Erfahrung von Vertrautheit zugänglich – alles, was es dazu braucht, ist, dass wir uns umdrehen und auf das Leben zugehen. Das verlangt einigen Mut. Wir müssen unsere Sinne bewusst öffnen und uns dessen bewusst werden, was sowohl innerhalb unseres Körpers und Herz-Geistes als auch draußen, in unserer Umgebung, passiert.

Achtsamkeit ist ein erstaunlich einfaches Werkzeug für jemanden, der bewusst werden möchte. Sie ist eine Übung, die uns hilft, aufzuwachen, präsent zu sein und das Leben in vollen Zügen zu genießen. Sie hilft uns, die Lücken in unserem Tagesablauf zu schließen, sodass wir nicht mehr so oft unbewusst werden und für große Teile unseres Lebens nicht gegenwärtig sind. Sie ist auch eine Übung, die uns helfen wird, die frustrierende Kluft zu schließen und das unsichtbare Schutzschild zu entfernen, die zwischen uns und anderen Menschen zu stehen scheinen.

5. *Achtsamkeit beendet den Kampf und besiegt die Furcht*

Achtsamkeit hilft uns, auch in Erfahrungen, die unangenehm sind, präsent zu bleiben. Gewöhnlich neigen wir dazu, die Welt und andere Menschen so arrangieren zu wollen, dass wir uns behaglich fühlen. Wir verwenden viel Energie auf den Versuch, die Temperatur in unserer Umgebung genau richtig zu machen, die Beleuchtung genau richtig, den Duft in unserer Wohnung genau richtig, den Geschmack unseres Essens genau richtig, unser Bett und unsere Sessel weich genug, die Farbe unserer Zimmerwände genau richtig, den Grund um unser Haus herum genau richtig und die Menschen um uns herum – unsere Kinder, unsere Partner, unsere Freunde, unsere Mitarbeiter und sogar unsere Haustiere – genau richtig.

Doch sosehr wir uns auch bemühen, die Dinge bleiben einfach nicht so, wie wir es gern hätten. Früher oder später bekommt unser Kind einen Wutanfall, brennt unser Abendessen an, fällt die Heizung aus oder werden wir krank. Sind wir in der Lage, präsent und offen zu bleiben und sogar Erfahrungen und Menschen willkommen zu heißen, die uns nicht angenehm sind, dann verlieren sie die Macht, uns zu ängstigen und die „Kampf-oder-Flucht"-Reaktion in uns auszulösen. Gelingt uns dies immer und immer wieder, dann haben wir eine erstaunliche Stärke erlangt, die in der Menschenwelt nur selten anzutreffen ist – nämlich die Fähigkeit, trotz sich ständig verändernder Bedingungen glücklich zu sein.

6. Achtsamkeit fördert unser spirituelles Leben

Die Hilfsmittel der Achtsamkeit sind eine Einladung, den vielen kleinen Aktivitäten des Lebens mit Aufmerksamkeit zu begegnen. Sie sind besonders für Menschen nützlich, die inmitten all der Ablenkungen des modernen Lebens Spiritualität kultivieren möchten. Der Zen-Meister Shunryu Suzuki

Roshi sagte einmal: „Das Zen ist nichts besonders Aufregendes, sondern die Sammlung auf unsere gewöhnliche Alltagsroutine." Die Achtsamkeitsübung richtet unsere Aufmerksamkeit wieder auf diesen Körper, diese Zeit und diesen Ort. Und genau dort können wir mit der ewigen Präsenz, die wir das Göttliche nennen, in Berührung kommen. Wenn wir achtsam sind, dann wissen wir jeden Augenblick des einzigartigen Lebens, das uns gegeben wurde, zu schätzen. Achtsamkeit ist eine Weise, unsere Dankbarkeit für ein Geschenk, das wir niemals zurückzahlen können, zum Ausdruck zu bringen. Achtsamkeit kann zu einem fortlaufenden Gebet der Dankbarkeit werden.

Christliche Mystiker sprechen von einem „Leben unablässigen Gebets". Was mag das bedeuten? Wie könnte so etwas möglich sein, wo wir doch ständig eilig in dem rasenden Verkehr des modernen Lebens unterwegs sind und die Kurve kratzen, ohne genug Zeit zu finden, mit unserer Familie, geschweige denn mit Gott zu sprechen?

Wahres Gebet ist kein Bitten um etwas, sondern ein Lauschen. Tiefes Lauschen. Wenn wir ganz tief lauschen, bemerken wir, dass selbst das „Geräusch" unserer eigenen Gedanken störend, ja sogar lästig ist. Wenn wir von den Gedanken ablassen, treten wir in eine tiefere innere Stille und Empfänglichkeit ein. Ist es uns möglich, diese offene Stille in unserem Kern, ja *als* unseren Kern zu bewahren, dann lassen wir uns nicht mehr verwirren in dem Versuch, die unzähligen einander widersprechenden inneren Stimmen auf die Reihe zu bekommen und unter ihnen zu wählen. Unsere Aufmerksamkeit ist nicht mehr in das emotionale Dickicht in unserem Inneren verstrickt. Sie ist nach außen gerichtet. Wir suchen nach dem Göttlichen in allen Erscheinungen, hören auf das Göttliche in allen Klängen, werden in allen Berührungen vom Göttlichen gestreift. Wenn Dinge auf uns zukommen, reagieren wir angemessen und kehren dann dazu zurück, in der inneren Stille zu ruhen. Dies ist ein im Glauben gelebtes Leben, im Glauben an den Einen Geist, ein Leben des unablässigen Gebets.

Wenn wir Achtsamkeit nach und nach in unsere Routineaktivitäten einfließen lassen, dann erwachen wir zum Mysterium eines jeden Augenblicks, um das wir nicht wissen können, bis der Augenblick eintritt. Wenn die Dinge sich zeigen, sind wir bereit, sie anzunehmen und zu antworten. Wir sind empfänglich für das, was uns von Moment zu Moment von der Großen Gegenwart geschenkt wird. Es sind einfache Geschenke: die Wärme, die sich auf unsere Hände überträgt, während wir eine Schale Tee halten, Tausende von winzigen Liebkosungen durch die Kleidung auf unserer Haut, die komplexe Musik der Regentropfen und ein weiterer Atemzug. Wenn wir unsere volle Aufmerksamkeit auf die lebendige Wahrheit jedes einzelnen Augenblicks zu richten vermögen, dann durchschreiten wir das Tor zu einem Leben des unablässigen Gebets.

Missverständnisse über Achtsamkeit

Auch wenn sehr viel Reklame für Achtsamkeit gemacht wird, missverstehen die Leute sie oft. Zuerst einmal mögen sie fälschlicherweise annehmen, Achtsamkeit zu üben bedeute, angestrengt über etwas nachzudenken. Bei der Übung von Achtsamkeit benutzen wir das Denkvermögen des Geistes jedoch nur, um die Übung anzustoßen („Sei dir heute deiner Körperhaltung bewusst") und um uns daran zu erinnern, zu der Übung zurückzukehren, wenn unser Geist während des Tages unvermeidlich abschweift („Richte deine Aufmerksamkeit wieder auf deine Körperhaltung"). Haben wir jedoch begonnen, den Anweisungen des Geistes zu folgen und die Methode anzuwenden, können wir unsere Gedanken fahren lassen. Wenn der denkende Geist sich beruhigt, dann geht er über in offenes Gewahrsein. Dann sind wir im Körper verankert, wach und präsent.

Ein zweites Missverständnis besteht darin, zu glauben, achtsam zu sein bedeute, alles *ganz langsam* zu machen. Es geht hier nicht um die Geschwindigkeit, mit der wir Dinge tun. Wir können eine Aufgabe langsam erledigen und trotzdem unaufmerksam sein. Tatsächlich müssen wir dann, wenn wir schneller vorgehen, oft aufmerksamer werden, um Fehler zu vermeiden. Wenn Sie einige der Achtsamkeitswerkzeuge in diesem Buch anwenden wollen, kann es sein, dass Sie langsamer werden müssen – zum Beispiel wenn Sie achtsames Essen üben. Bei anderen Übungen werden Sie aufgefordert, kurzfristig langsamer zu werden, um Geist und Körper zusammenzuführen, bevor Sie sich Ihren regulären Aktivitäten widmen – wenn Sie zum Beispiel den Geist während dreier Atemzüge ruhen lassen. Andere Aufgaben kann man in jeder beliebigen Geschwindigkeit ausführen, zum Beispiel die Übung, bei der Sie auf die Fußsohlen achten, während Sie sitzen, gehen oder laufen.

Ein drittes häufiges Missverständnis besteht darin, Achtsamkeit für ein zeitlich begrenztes Übungsprogramm zu halten, wie etwa eine 30-minütige Sitzmeditation. Achtsamkeit ist in dem Maße für uns hilfreich, wie sie sich in allen Aktivitäten unseres Lebens ausbreitet und das Licht einer höheren Bewusstheit sowie Neugier und ein Gefühl der Entdeckungsfreude in die weltlichen Aktivitäten des Lebens hineinträgt – etwa in das morgendliche Aufstehen, das Zähneputzen, das Durchschreiten einer Tür, das Annehmen eines Anrufs oder das Zuhören.

Eine Gebrauchsanweisung für dieses Buch

Dieses Buch bietet Ihnen eine Vielzahl unterschiedlicher Methoden, Achtsamkeit in Ihr tägliches Leben zu bringen. Wir nennen sie „Achtsamkeitsübungen". Sie könnten diese auch als „Samen" der Achtsamkeit ansehen, Samen, mit denen Sie in den vielen Furchen und Winkeln Ihres Lebens Achtsamkeit pflanzen und aufziehen, wobei Sie zusehen können, wie sie jeden Tag wachsen und Früchte tragen.

Jede Übung besteht aus mehreren Abschnitten. Zuerst einmal wird die Aufgabe beschrieben und Sie bekommen einige Anregungen, auf welche Weise Sie sich selbst daran erinnern können, diese Übung während des Tages und über eine Woche auszuführen. Es folgt ein Abschnitt, der mit „Entdeckungen" überschrieben ist. Hierzu gehören die Beobachtungen der Übenden, Erkenntnisse oder Schwierigkeiten mit der Aufgabe sowie alle für diese Übung relevanten Forschungsergebnisse. In dem Abschnitt, den ich „Vertiefung" genannt habe, erkunde ich die Themen und umfassenderen Lehren, die mit der Übung in Zusammenhang stehen. Jede Übung ist wie ein Fenster, das uns einen Ausblick auf das gewährt, was ein erwachtes Leben sein könnte. Und schließlich gibt es da noch einige „Schlussworte", die die Übung zusammenfassen oder Sie dazu inspirieren, die Übungen weiter nachwirken zu lassen.

Eine mögliche Vorgehensweise wäre, jede Woche damit zu beginnen, dass Sie nur die Beschreibung der Aufgabe und die Gedächtnisstützen lesen. Blättern Sie nicht voraus, um zu sehen, wie es weitergeht! Bringen Sie die Erinnerungssätze oder -bilder an einer Stelle an, an der sie Ihnen während des Tages auffallen, sodass Sie an die Aufgabe erinnert werden. In der Wochenmitte könnten Sie dann den Abschnitt „Entdeckungen" dieser speziellen Übung lesen, um zu sehen, welche Erfahrungen und Einsichten andere Menschen aus dieser Übung gewonnen haben. Das könnte Ihre Herangehensweise verändern. Am Ende der Woche könnten Sie den Abschnitt der „Vertiefung" lesen, bevor Sie zu einer neuen Übung übergehen.

Vielleicht möchten Sie so vorgehen, wie wir es in unserem Kloster tun: Wir beginnen mit der ersten Achtsamkeitsübung und gehen die Übungen dann im Laufe des Jahres eine nach der anderen durch, wobei wir jede Übung eine Woche lang praktizieren. Sie könnten also jeden Montag mit einer neuen Aufgabe beginnen und sie am Sonntag abschließen, indem Sie den letzten Abschnitt lesen oder Ihre Erfahrungen in einem Tagebuch festhalten. Sie können aber auch in dem Buch herumblättern und nach einer speziellen Übung oder einem Thema suchen, das Ihren Lebensumständen in dieser Woche entspricht. Manchmal setzen wir dieselbe Achtsamkeitsübung auch für zwei oder drei Wochen fort, wenn sie uns weiterhin Einsichten beschert oder wir sie einfach besser beherrschen wollen.

Es macht Spaß, diese Übungen zusammen mit anderen zu praktizieren, wie wir das in unserem Kloster tun. Sie könnten eine Praxisgruppe für Achtsamkeit gründen, die jeweils eine Übung auswählt, die die Mitglieder eine oder zwei Wochen lang praktizieren, um sich beim nächsten Treffen über das auszutauschen, was sie gelernt haben. Bei unseren wöchentlichen Diskussionen gibt es immer viel Gelächter. Es ist wichtig, unser „Versagen" nicht zu ernst zu nehmen. Jeder hat andere Erfahrungen, Einsichten und komische Geschichten über seine Versuche – und seine Misserfolge – mit diesen Übungen beizusteuern.

Wir haben vor etwa zwanzig Jahren damit begonnen, jede Woche ein anderes Achtsamkeitswerkzeug zu unserer Übung zu benutzen. Die Idee stammte von einem Mann, der einmal in einer Gemeinschaft gelebt hat, die den Lehren des Mystikers Gurdjieff folgte. Er erklärte, dass es keine Rolle spiele, ob man die Aufgabe mit Erfolg bewältigt oder nicht. Manchmal kann man mehr daraus lernen, dass man die Übung *nicht praktiziert,* als wenn man sie ausführt, weil man sich dann genau ansehen muss, *warum* man sie nicht praktiziert hat. Was stand dahinter – Faulheit, alte Abneigungen oder einfach bloßes Abgelenktsein? Worum es geht, ist einfach, allmählich immer bewusster zu leben. Gurdjieff nannte dies „Selbst-Erinnerung". Im Buddhismus sprechen wir vom Erwachen zu unserem wahren Selbst. Dies bedeutet, zum Leben, wie es wirklich ist, zu erwachen, statt uns in von unserem Geist erzeugten Phantasien zu ergehen.

Gedächtnisstützen

Das Schwierigste an unseren wöchentlichen Achtsamkeitsübungen, so fanden wir heraus, war, an ihre Ausführung zu denken. Deshalb haben wir etliche Methoden entwickelt, uns im Laufe der Tage und Wochen daran zu erinnern. Oft hängen wir einen Zettel mit einem Wort oder ein kleines Bild an Plätzen in unserem Kloster auf, wo sie uns wahrscheinlich auffallen werden. Ich habe solche Gedächtnisstützen im Buch beschrieben – aber seien Sie bitte kreativ und erfinden Sie auch Ihre eigenen!

Notizen über Ihre Achtsamkeits-Praxis

Damit Sie so viel wie möglich von den Übungen profitieren, empfehle ich Ihnen, in einem Notizbuch festzuhalten, was Sie bei der Praxis der einzelnen Übungen erfahren und gelernt haben. Wenn Sie das Buch mit einer Gruppe durcharbeiten, können Sie Ihre Notizen als Erinnerung an Ihre Entdeckungen und Hindernisse zu den Diskussionssitzungen mitbringen. Das Notizbuch auf dem Schreibtisch oder dem Nachttisch liegen zu haben, hilft zudem, sich daran zu erinnern, die Übung der Woche zu praktizieren.

Immer weitermachen

Haben Sie eines der Achtsamkeitswerkzeuge einmal eine Woche lang angewendet, dann werden Sie es, wie wir hoffen, nicht mehr vergessen und es wird zu einem Bestandteil Ihrer sich ständig ausweitenden Fähigkeit zur Achtsamkeit werden. Da wir Menschen sind, fallen wir jedoch oft wieder in alte Verhaltensweisen und Gewohnheitsmuster zurück. Aus diesem Grund wenden wir diese Achtsamkeitsübungen in unserem Kloster seit zwei Jahrzehnten immer wieder an und haben neue Übungen erfunden. Dies ist einer der wundervollsten Aspekte des Pfads der Achtsamkeit und des Erwachens: Er hat kein Ende!

1

Die nichtdominante Hand benutzen

Die Übung: Benutzen Sie jeden Tag die nichtdominante Hand für einige gewöhnliche Verrichtungen, wie zum Beispiel das Zähneputzen oder das Haarekämmen, und essen Sie zumindest einen Teil jeder Mahlzeit mit der nichtdominanten Hand. Wenn Sie sich eine große Herausforderung wünschen, dann versuchen Sie, die nichtdominante Hand zum Schreiben oder zum Essen mit Essstäbchen zu benutzen.

Gedächtnisstützen

Eine Art und Weise, sich während des Tages an diese Aufgabe zu erinnern, besteht darin, sich ein Pflaster auf die dominante Hand zu kleben. Wenn es Ihnen auffällt, gehen Sie zur nichtdominanten Hand über und benutzen diese. Sie könnten auch einen kleinen Notizzettel an Ihren Badezimmerspiegel kleben, auf dem „Linke Hand" steht (wenn Sie Rechtshänder sind). Oder Sie kleben eine aus Papier ausgeschnittene Hand auf Ihren Spiegel, Eisschrank oder Schreibtisch – an einen Platz, wo sie Ihnen auffällt.

Eine andere Methode wäre, etwas am Griff Ihrer Zahnbürste zu befestigen, das Sie daran erinnert, sich die Zähne mit der nichtdominanten Hand zu putzen.

Entdeckungen

Dieses Experiment führt immer zu Gelächter. Wir entdecken, dass die nichtdominante Hand ziemlich ungeschickt ist. Sie zu benutzen, bringt uns zu dem zurück, was Zen-Lehrer den „Anfängergeist" nennen. Unsere

dominante Hand ist vielleicht vierzig Jahre alt, aber unsere nichtdominante Hand ist viel jünger, vielleicht nur zwei oder drei. Wir müssen noch einmal lernen, wie man eine Gabel hält und wie wir sie zum Mund führen können, ohne uns selbst aufzuspießen.*
Vielleicht beginnen wir uns die Zähne ungeschickt mit der linken Hand zu putzen, und wenn wir nicht aufpassen, greift die rechte Hand zu und nimmt der linken die Zahnbürste oder Gabel weg! Sie ist wie die rechthaberische ältere Schwester, die sagt: „Gib her, du Trampel. Ich mach das für dich!"

Wenn wir auf diese Weise darum ringen, die nichtdominante Hand zu benutzen, kann das unser Mitgefühl für Menschen wecken,

---

* Das hört sich für den kultivierten Europäer, der als Kind gelernt hat, mit Messer *und* Gabel zu essen, etwas merkwürdig an. Aber die meisten Amerikaner schneiden das, was sie auf dem Teller haben, erst einmal klein und essen dann nur mit der Gabel in der dominanten Hand, wobei die andere Hand unter dem Tisch auf dem Oberschenkel liegt. Herr Knigge rotiert bei diesem Anblick im Grabe – aber so sind nun einmal kulturelle Unterschiede. [Anm. d. Übers.]

die ungeschickt agieren, weil sie vielleicht eine Behinderung haben, verletzt sind oder einen Gehirnschlag erlitten haben. Auf einmal sehen wir, wie viele einfache Bewegungen wir für selbstverständlich halten, die andere Menschen nicht ausführen können. Essstäbchen mit der linken Hand zu benutzen, ist eine ernüchternde Erfahrung. Will man nicht mehr als eine Stunde zum Essen brauchen und den Tisch nicht total bekleckern, muss man dabei *sehr* aufmerksam sein.

Vertiefung

Diese Aufgabe zeigt uns, wie stark und wie unbewusst unsere Gewohnheiten sind und wie schwierig es ist, sie zu ändern, wenn man nicht sehr aufmerksam und entschlossen ist. Außerdem hilft sie uns, den Anfängergeist in sämtliche Aktivitäten – wie etwa das Essen – hineinzutragen, in Tätigkeiten, die wir mehrmals am Tag oft nur mit partieller Aufmerksamkeit ausführen.

Die nichtdominante Hand zu benutzen zeigt uns auch, wie ungeduldig wir sind. Die

Übung kann uns helfen, flexibler zu werden und herauszufinden, dass wir nie zu alt sind, um noch etwas Neues zu lernen. Üben wir oft, die nichtdominante Hand zu benutzen, dann können wir beobachten, wie unsere Geschicklichkeit mit der Zeit zunimmt. Ich übe jetzt seit mehreren Jahren, meine linke Hand zu benutzen, und vergesse inzwischen, welche Hand die „richtige" ist. Das könnte ganz praktische Vorteile haben. Sollte ich meine dominante Hand einmal nicht mehr benutzen können, wie es einigen meiner Verwandten nach einem Schlaganfall ergangen ist, dann wäre ich nicht hilflos. Entwickeln wir eine neue Fertigkeit, dann fällt uns auf, dass noch viele andere Fähigkeiten in uns schlummern. Diese Einsicht kann unsere Zuversicht stärken, dass wir uns mit einiger Übung in vieler Hinsicht selbst wandeln können, sodass wir größere Flexibilität und Freiheit für unser Leben gewinnen. Sind wir bereit, uns Mühe zu geben, dann können wir die Fertigkeiten aktivieren, die aus unserer natürlichen inneren Weisheit entspringen, und können sie in unserem täglichen Leben anwenden.

Der Zen-Meister Suzuki Roshi sagte: „Im Geist des Anfängers gibt es viele Möglichkeiten, doch im Geist des Experten nur wenige." Achtsamkeit ermöglicht es uns, zu den grenzenlosen Möglichkeiten zurückzukehren, die immer aus dem großen Mutterschoß des gegenwärtigen Augenblicks hervortreten.

> **SCHLUSSWORTE:** Entfalten Sie in allen Situationen den Anfängergeist, um neue Möglichkeiten in Ihr Leben zu bringen.

2

Füllwörter

Die Übung: Werden Sie sich der „Füllwörter" und „Füllsätze", die Sie verwenden, bewusst und versuchen Sie, diese aus Ihrer Rede zu entfernen. Füllwörter sind Wörter, die nichts Sinnvolles zu dem hinzufügen, was Sie sagen, wie etwa „ähh", „also", „na ja", „irgendwie", „gewissermaßen" und so weiter. Von Zeit zu Zeit nehmen Sie neue Füllwörter in Ihr Vokabular auf. Zu den neuen Wörtern könnten „im Grunde" und „jedenfalls" gehören.

Über das Vermeiden von Füllwörtern hinaus könnten Sie darauf achten, warum Sie diese gewöhnlich verwenden – in welchen Situationen und zu welchem Zweck.

Gedächtnisstützen

Anfangs ist es unheimlich schwierig, selbst zu bemerken, wann man Füllwörter benutzt. Sie werden sehr wahrscheinlich Freunde oder Familienmitglieder um Hilfe bitten müssen. Kinder werden ihre Eltern mit Wonne beim Benutzen von Füllwörtern erwischen und sie korrigieren. Bitten Sie sie, die Hand zu heben, wenn sie hören, wie Sie ein Füllwort benutzen. Anfangs werden die Hände mit quälender Häufigkeit emporschnellen. Außerdem ist die Gewohnheit, Füllwörter zu benutzen, so unbewusst, dass Sie wahrscheinlich oft nachfragen müssen, welches Füllwort Sie gerade ausgesprochen haben.

Eine andere Methode, auf die Füllwörter, die Sie benutzen, und auf deren Häufigkeit aufmerksam zu werden, besteht darin, sich selbst beim Reden aufzunehmen. Bitten Sie einen Mitbewohner, einen Ehepartner oder eines Ihrer Kinder, Sie während einer Unterhaltung oder während eines Telefongesprächs mit dem Handy oder der Videokamera aufzunehmen. Hören Sie sich das Ergebnis anschließend an, machen Sie eine Liste der Füllwörter und zählen Sie deren Häufigkeit.

Entdeckungen

In unserem Kloster erwies sich diese Achtsamkeitsübung als eine der herausforderndsten, die wir praktizieren. Es ist frustrierend schwierig, die eigenen Füllwörter zu hören und sie einzufangen, noch bevor wir sie ausgesprochen haben – wenn man nicht gerade ein geschulter Redner ist. In den Klubs der Toastmaster [Gruppen, die das Vortragen in der Öffentlichkeit trainieren] fällt einigen Mitgliedern die Aufgabe zu, während eines Vortrags die Füllwörter zu notieren, um den anderen so zu helfen, effektivere Redner zu werden. Hat man erst einmal begonnen, auf Füllwörter zu achten, dann hört man sie überall – im Radio, im Fernsehen und bei alltäglichen Unterhaltungen. Man hat geschätzt, dass ein typischer amerikanischer Teenager das Füllwort *„like"* [entspricht dem

Deutschen „irgendwie"] etwa 200.000 Mal pro Jahr benutzt! Ihnen wird auch auffallen, welche Redner keine Füllwörter benutzen, und Ihnen wird bewusst werden, dass der Verzicht auf Füllwörter eine Rede effektiver und eindrücklicher macht. Hören Sie sich zum Beispiel die Reden von Martin Luther King, dem Dalai Lama oder Präsident Barack Obama an und achten Sie dabei auf Füllwörter.

Füllwörter scheinen mehrere Funktionen zu haben. Sie sind einerseits Platzhalter, die dem Zuhörer vermitteln, dass Sie anfangen werden zu reden oder dass Sie noch nicht mit dem Reden aufgehört haben. „Also … ich habe ihm gesagt, nicht wahr, was ich von seiner Idee halte, und dann, ähh, habe ich gesagt, nun ja, jedenfalls …" Füllwörter dienen auch dazu, das, was wir sagen, abzumildern, es weniger definitiv oder selbstbewusst klingen zu lassen. „Na ja, ich denke, wir sollten im Grunde doch vielleicht mit dem Projekt loslegen." Befürchten wir, eine Reaktion hervorzurufen, die besagt, dass wir nicht recht haben? Wir wünschen uns sicher keinen Arzt oder kein Staatsoberhaupt, das so wischiwaschi daherredet. Füllwörter können die Zuhörer enorm irritieren, wenn sie den Sinn der Aussage dermaßen verwässern, dass sie sich lächerlich anhört. „Also Jesus, ähh, hat ja doch wohl gesagt, nicht wahr: Liebe, im Grunde, also deinen Nächsten, nun ja, sozusagen genauso wie gewissermaßen dich selbst."

Vertiefung

Der Gebrauch von Füllwörtern ist erst während der vergangenen 50 Jahre üblich geworden. Liegt das daran, dass man in der Schule weniger Wert auf präzisen Ausdruck, Redegewandtheit und Rhetorik legt? Oder haben wir uns in der heutigen postmodernen, multikulturellen Gesellschaft, in der die Wahrheit oft als relativ gilt, bewusst angewöhnt, auf weniger eindeutige Weise zu reden? Befürchten wir, etwas zu sagen, das nicht politisch korrekt ist oder eine Reaktion unserer Zuhörerschaft auslösen könnte? Versinken wir im Sumpf des moralischen Relativismus? Wenn sich dieser Trend fortsetzt, dann werden wir eines Tages sagen: „Stehlen ist, na ja, also mehr oder weniger nicht ganz richtig."

Wenn unser Geist klar ist, dann können wir geradeheraus reden und dabei präzise sein, ohne andere zu beleidigen.

Diese Achtsamkeitsübung zeigt, wie tief unbewusstes Verhalten in unserem Geist verwurzelt ist und wie schwierig es ist, es zu verhindern. Unbewusste Gewohnheiten, wie etwa der Gebrauch von Füllwörtern, sind genau das – unbewusst. Solange sie unbewusst bleiben, ist es unmöglich, etwas daran zu ändern. Nur wenn wir ein Verhaltensmuster ins Licht der Bewusstheit rücken, entsteht etwas Raum, um daran zu arbeiten, es zu durchbrechen. Selbst dann ist es noch schwierig genug, ein Verhalten zu ändern, das uns in Fleisch und Blut übergegangen ist. Sobald wir aufhören, aktiv daran zu arbeiten, die unerwünschte Gewohnheit zu verhindern, kehrt sie sehr schnell wieder. Wollen wir uns selbst ändern und unser Potenzial verwirklichen, verlangt das Freundlichkeit, Entschlossenheit und ausdauernde sowie fortlaufende Praxis.

> **SCHLUSSWORTE:** „Bis ihr den Mund aufmacht, halte ich euch alle für erleuchtet."
> – *Zen-Meister Suzuki Roshi* –

3

Die eigenen Hände wahrnehmen

> **Die Übung:** Beobachten Sie mehrmals am Tag Ihre Hände, als gehörten sie einem Fremden. Betrachten Sie sie sowohl in Aktion als auch im Ruhezustand.

Gedächtnisstützen

Schreiben Sie die Wörter „Sieh her!" auf Ihren Handrücken.

Macht Ihre Arbeit das nicht möglich, dann tragen Sie einen Ring, den Sie gewöhnlich nicht tragen. (Ist es Ihnen nicht erlaubt, Ringe zu tragen, etwa weil Sie in einem Operationssaal arbeiten, dann können Sie die Zeit des Händewaschens benutzen, um Ihre Hände anzusehen, als gehörten sie zu einem Fremden.)

Wenn Sie üblicherweise keinen Nagellack tragen, könnten Sie sich selbst daran erinnern, Ihre Hände zu betrachten, indem Sie eine Woche lang Nagellack tragen. Lackieren Sie gewöhnlich Ihre Nägel, dann könnten Sie eine ungewöhnliche Farbe wählen.

Entdeckungen

Unsere Hände sind sehr geschickt darin, alle möglichen Aufgaben zu erledigen, und viele von diesen Dingen können sie ganz allein tun, ohne von unserem Geist sonderlich gelenkt zu werden. Es macht Spaß, sie bei ihrer Arbeit zu beobachten, so als führten sie geschäftig ihr eigenes Leben. Hände sind zu erstaunlich vielen Dingen fähig! Beide Hände können zusammenarbeiten oder zur gleichen Zeit Verschiedenes tun.

Beim Praktizieren dieser Übung fällt uns auf, dass jede Person charakteristische

Handgesten besitzt. Wenn wir reden, fuchteln unsere Hände fast von selbst herum. Uns fällt auf, dass unsere Hände sich mit der Zeit verändern. Betrachten Sie Ihre Hände und stellen Sie sie sich so vor, wie sie aussahen, als Sie noch ein Baby waren. Stellen Sie sich anschließend vor, sie würden langsam älter, bis sie den gegenwärtigen Zustand erreicht haben. Danach stellen Sie sich vor, wie sie altern und dann, wenn Sie sterben, leblos werden und wieder zu Staub zerfallen.

Selbst während wir schlafen, sorgen unsere Hände für uns: Sie ziehen die Bettdecke herauf, halten den Menschen fest, der neben uns liegt, oder stellen den Wecker ab.

Vertiefung

Wir werden die ganze Zeit umsorgt. Einige Zen-Lehrer sagen, die Art und Weise, wie sich unser Körper um uns kümmere, ohne dass wir uns dessen bewusst wären, sei ein Beispiel für das wunderbare und durchgängige Funktionieren unseres Wahren Wesens, des uns innewohnenden Gutseins und der

Weisheit unseres Daseins. Unsere Hand zieht sich vom Feuer zurück, noch ehe wir die Hitze wahrnehmen, unsere Augen blinzeln, noch bevor wir einen scharfen Knall hören, unsere Hände greifen zu und fangen etwas auf, noch bevor uns bewusst wird, dass es herunterfällt. Die rechte und die linke Hand arbeiten zusammen, wobei jede ihre Hälfte der Aufgabe erledigt. Wenn wir Geschirr abtrocknen, hält eine Hand den Teller und die andere das Handtuch. Wenn wir mit einem Messer schneiden, hält eine Hand das Gemüse, während die andere Hand schneidet. Und sie kooperieren beim Händewaschen.

Es gibt ein Koan (eine Zen-Geschichte als Herausforderung für die Meditation) über den Bodhisattva des Mitgefühls, der auf Japanisch Kanzeon und auf Chinesisch Kuanyin genannt wird. Diese in China und in Japan weibliche Figur wird oft mit tausend Augen dargestellt, die alle Menschen sehen, die der Hilfe bedürfen, sowie mit tausend Händen, die alle ein anderes Werkzeug halten, um diese Hilfe ausführen zu können. Manchmal befindet sich sogar in jeder der Handflächen noch ein Auge. Die Zen-Geschichte geht folgendermaßen:

> Eines Tages fragte der Zen-Mönch Ungan den Zen-Meister Dogo: „Wie benutzt der Bodhisattva Kanzeon all die vielen Hände und Augen?"
> Dogo antwortete: „Es ist wie bei einem Menschen, der mitten in der Nacht hinter seinem Kopf das Kissen greift."

Einer meiner Schüler ist Gitarrist, und er kam mit dieser Geschichte zu einer Einsicht. Wenn seine Hände in einem Bereich der Gitarre aktiv waren, die er nicht sehen konnte, dann hatten sie, wie ihm klar wurde, „Augen". Sie konnten die Fläche, die sie bearbeiteten, ganz genau sehen, selbst wenn es dunkel war. Sein inneres Auge und seine Hand arbeiteten wunderbar zusammen, so, wie ein Schlafender sein Kissen „sieht" und seine Hände von selbst danach greifen, um es unter seinen Kopf zu ziehen. Im Zen sagen wir, dies zeige, auf welche Weise die uns angeborene Weisheit und das uns innewohnende Mitgefühl zusammenarbeiten, wenn unser Verstand nicht im Weg ist.

Wenn wir deutlich sehen, dass alles Existierende eins ist, dann wird uns klar, dass alle Dinge zusammenarbeiten, so wie die Hände und Augen. Und ebenso wie unsere Hände unsere Augen nicht verletzen würden, ist es ganz natürlich für unsere Natur, uns selbst oder andere Menschen nicht zu verletzen.

> SCHLUSSWORTE: Zwei Hände arbeiten mühelos zusammen, um viele wundervolle Dinge zu vollbringen, und sie schaden einander niemals. Könnte dies auch für jegliches Paar von Menschenwesen wahr werden?

4

Beim Essen nur essen

Die Übung: Tun Sie in dieser Woche während des Essens oder Trinkens nichts anderes. Setzen Sie sich hin und nehmen Sie sich die Zeit, das zu genießen, was Sie zu sich nehmen. Öffnen Sie beim Essen oder Trinken alle Sinne. Betrachten Sie die Farben, Formen und Oberflächenbeschaffenheiten. Achten Sie auf die Gerüche und auf die Geschmäcker in Ihrem Mund. Hören Sie auf das Geräusch des Essens und Trinkens.

Gedächtnisstützen

Legen Sie auf den Tisch, an dem Sie Ihre Mahlzeiten zu sich nehmen, einen Zettel mit dem Hinweis: „Nur essen!" Hängen Sie eine solche Notiz auch überall dort auf, wo Sie zwischendurch etwas essen.

Heften Sie solche Notizen auch an Objekte, die Sie oft ablenken, während Sie essen. Kleben Sie zum Beispiel an Ihren Fernsehbildschirm oder Ihren Computer das rot durchgestrichene Wort „Essen", um sich daran zu erinnern, nicht zu essen, während Sie diese Geräte benutzen.

Entdeckungen

Diese Aufgabe ist für viele Menschen nicht leicht. Wenn Sie gerade viel zu tun haben und unterwegs gern einen Schluck aus Ihrem Kaffeebecher nehmen würden, dann müssen Sie innehalten, sich einen Sitzplatz suchen und das Getränk genießen. Wenn Sie am Computer arbeiten, dann müssen Sie beide Hände von der Tastatur nehmen und die

Augen vom Bildschirm abwenden, um Ihren Kaffee zu genießen.

Das Essen ist zu einem Bestandteil unserer heutigen Gewohnheit des ständigen Multitasking geworden. Bei dieser Übung entdecken wir erneut, wie viele andere Dinge wir tun, während wir essen. Wir essen, während wir gehen, während wir Auto fahren, im Kino oder beim Fernsehen, während wir am Computer arbeiten, Videospiele spielen oder Musik hören.

Haben wir diese offensichtlichen Aktivitäten erst einmal ausgeschaltet, dann kommen wir zu einem unterschwelligeren Aspekt der Unaufmerksamkeit – zum Reden während des Essens. Unsere Eltern haben vielleicht geschimpft, wenn wir mit vollem Mund gesprochen haben, aber wie sich zeigt, essen und reden wir immer noch gleichzeitig. Bei dieser Übung lernen wir, zwischen dem Essen und dem Reden abzuwechseln. Mit anderen Worten: Wenn Sie reden wollen, hören Sie auf zu essen. Tun Sie nicht beides gleichzeitig.

Es ist so üblich, beim Essen soziale Kontakte zu pflegen, dass Sie sich vielleicht seltsam vorkommen, wenn Sie allein in einem Restaurant essen, ohne dabei zu reden oder sich anderweitig abzulenken. Möglicherweise stellen Sie sich vor, dass die anderen Menschen denken: „Die Arme, sie hat keine Freunde." Sie nehmen ein Buch in die Hand oder öffnen Ihren Computer, um zu zeigen, dass Sie produktiv sind und keine Zeit „damit verschwenden", *nur* zu essen. Ein Problem dieser Art des unbewussten Essens ist, dass Sie schnell mehr als genug essen, was sich dann auf Ihrer Taille niederschlägt.

In Japan und in Teilen Europas gilt es als unmanierlich, im Gehen zu essen und zu trinken. Das Einzige, was man in Japan im Stehen oder Gehen zu sich nehmen darf, ist ein Eis, weil es schmelzen könnte. Dort starren die Leute den barbarischen Ausländer an, der sich Fast Food kauft und kauend die Straße entlanggeht. Selbst Fast Food nimmt man dort mit nach Hause, richtet es appetitlich an und serviert es an einem Tisch. Bei den Mahlzeiten schaltet man einen Gang zurück und genießt wirklich das Essen, das Trinken und die Gesellschaft.

Vertiefung

Warum fühlen wir uns verpflichtet, mehrere Dinge zugleich zu tun und keine Zeit damit zu verschwenden, dass wir „nur" essen? Es sieht so aus, als machten wir unser Selbstwertgefühl davon abhängig, wie viele Dinge wir an einem Tag produzieren und wie viele Punkte wir von unserer langen Aufgabenliste abhaken können. Essen und Trinken sind Aktivitäten, mit denen wir weder Geld noch einen Partner noch einen Nobelpreis bekommen können. Deshalb beginnen wir zu glauben, sie hätten keinen Wert. Auf Workshops zum achtsamen Essen sagen viele Menschen: „Na ja, ich bringe es einfach hinter mich, sodass ich mit meiner Arbeit weitermachen kann." Was wäre, wenn die wichtigste Arbeit, die wir jeden Tag erledigen können, darin bestünde, wirklich präsent zu sein – und sei es nur für 30 Minuten? Was, wenn das wichtigste Geschenk, das wir der Welt machen können, nicht aus irgendeinem Produkt oder einem Gegenwert bestünde, sondern aus unserer *Gegenwart?*

Wenn wir nicht aufmerksam sind, ist es, als gäbe es das Essen gar nicht. Wir können unseren Teller leeren und uns trotzdem noch unzufrieden fühlen. Dann essen wir weiter und hören erst auf, wenn wir übervoll sind und uns nicht mehr wohlfühlen. Essen wir mit achtsamer Aufmerksamkeit, dann wird sogar die Erfahrung eines einzigen Happens zu etwas sehr Befriedigendem und Reichhaltigem. Dann können wir essen, bis wir uns innerlich befriedigt fühlen, statt immer weiter zu essen, bis wir „voll" sind.

Der Zen-Mönch Thich Nhat Hanh schreibt:

> Es gibt Menschen, die essen eine Orange, ohne sie wirklich zu essen. Sie essen vielmehr ihre Sorgen, ihre Ängste und ihren Zorn, ihre Vergangenheit und ihre Zukunft. Sie sind nicht wirklich mit vereintem Körper und Geist prä-

sent. Sie brauchen etwas Übung, sich einfach nur [an ihrem Essen] zu freuen. Es wurde vom gesamten Kosmos nur für unsere Ernährung zur Verfügung gestellt ... das ist ein Wunder.

SCHLUSSWORTE: Wenn Sie essen, essen Sie einfach nur. Wenn Sie trinken, trinken Sie einfach nur. Achtsamkeit ist die beste Würze – für Ihr Essen und für Ihr gesamtes Leben. Freuen Sie sich an jedem Bissen, an jedem Augenblick!

5

Wahre Komplimente

DIE ÜBUNG: Denken Sie einmal am Tag an jemanden, der Ihnen nahesteht – ein Familienmitglied, eine Freundin, einen Kollegen –, und machen Sie ihr oder ihm ein echtes Kompliment. Je näher Ihnen diese Person steht, wie etwa ein Kind oder ein Elternteil, desto besser. (Es zählt nicht, wenn Sie einer Fremden auf dem Postamt sagen, dass Ihnen ihr Schal gefällt.) Je spezifischer das Kompliment ist, desto besser. „Es gefällt mir, wie du Anrufe mit einer solchen Fröhlichkeit entgegennimmst."

Werden Sie sich solcher Komplimente bewusst, die andere Ihnen machen. Erkunden Sie den Zweck von Komplimenten und die Wirkung, die es auf Sie hat, wenn Sie ein Kompliment erhalten.

Gedächtnisstützen

Befestigen Sie eine Notiz mit den Worten „Lob" oder „Kompliment" an Stellen, an denen sie Ihnen im Laufe des Tages auffällt.

Entdeckungen

Manche Menschen haben mir berichtet, sie hätten sich zuerst gegen diese Übung gesträubt, weil sie fürchteten, ihre Komplimente wären nicht echt. Allerdings entdeckten sie bald viele Dinge, für die sie dankbar sein konnten, sodass sie die Übung doch praktizieren konnten. Als sie sich dieser Aufgabe widmeten, wurde manchen Menschen bewusst, dass sie gewohnheitsmäßig eine kritische Einstellung haben und nur auf Probleme achten und diese kommentieren. Die

Übung half ihnen, diese Geisteshaltung zu erkennen und umzukehren.

Andere bemerkten, dass Personen, denen sie ein Kompliment machten, dieses oft zurückwiesen. „Ach nein, ich glaube mein Kuchen ist diesmal nicht so gut geworden." Ein Kompliment zu erhalten, erzeugt Verletzlichkeit. Manche Menschen sind möglicherweise in ihrer Jugend in Hinsicht auf Komplimente vorsichtig geworden, weil sie sich nicht sicher waren, ob ein Kompliment ernst gemeint war oder ob sich jemand über sie lustig machen wollte. Vielleicht haben sie dann ebenfalls angefangen, auf scherzhafte Weise Komplimente zu machen oder ein Kompliment zurückzuweisen, als sei es nur ein Scherz, um sich vor einer möglichen Beschämung zu schützen. Jemand erzählte mir, seine Eltern hätten ihm beigebracht, wie man Komplimente entgegennimmt. Sie rieten ihm: „Sag einfach Danke. Das ist alles, was der andere erwartet."

Ein anderer Mann beschrieb, wie er die Kunst, Komplimente zu machen, ganz bewusst einstudiert hatte, weil er in einer Familie mit Alkoholproblemen aufgewachsen war, in der er immer nur ein negatives Feedback erhalten hatte. Seiner Meinung nach macht das Geben von Komplimenten „die Dinge leichter und verändert die Energie hin zum Positiven". Er hatte auch erfahren, dass seine Kinder, seine Ehefrau und seine Angestellten aufzublühen schienen, wenn er ihnen echte Komplimente machte.

Es gibt kulturelle Unterschiede in der Art und Weise, wie Komplimente aufgenommen werden. Bei Studien in China und Japan hat sich gezeigt, dass 95 Prozent der Reaktionen auf Komplimente darin bestanden, das Lob zu leugnen oder ihm auszuweichen. In Asien ist es normal, ein Kompliment abzutun oder ihm auszuweichen, weil es so aussehen könnte, als mangele es einem an Demut, wenn man es annimmt. Ein Mann würde seiner Ehefrau niemals vor anderen Menschen ein Kompliment machen, damit es nicht so aussieht, als wolle er angeben.

Die Gewaltfreie Kommunikation, eine Methode effektiver Konfliktlösung, lehrt, dass Komplimente wie „Du bist so [Adjektiv] ..." etwas Trennendes haben. Es wird empfohlen, ein Kompliment auf etwas aufzubauen, das einen selbst berührt hat, weil Komplimente dieser Art ein Gefühl der Verbundenheit und Intimität fördern. „Ich finde es toll, dass du dir die Zeit genommen hast, für dieses Treffen extra einen Kuchen zu backen. Vielen Dank."

Diese Achtsamkeitsübung hilft uns, uns der Funktion und der Häufigkeit von Komplimenten in den Beziehungen zu anderen bewusst zu werden. Manche Komplimente scheinen echt zu sein, während andere offenbar darauf abzielen, etwas zurückzuerhalten. Wenn wir jemanden gerade erst kennengelernt haben oder wenn wir jemanden umwerben, dann werden mehr Komplimente ausgetauscht. Später neigen wir dazu, die Menschen, die uns nahestehen, als selbstverständlich anzusehen, und wir hören auf, ihnen gegenüber Lob, Dankbarkeit oder Wertschätzung zum Ausdruck zu bringen.

Vertiefung

Der Zen-Meister Dogen schrieb: „Ihr sollt wissen, dass freundliche Rede einem freundlichen Geist entspringt und dass ein freundlicher Geist aus dem Samen des mitfühlenden Geistes hervorgeht. Ihr sollt die Tatsache bedenken, dass freundliche Rede nicht nur bedeutet, das Verdienst anderer zu loben; sie hat vielmehr die Macht, das Schicksal einer ganzen Nation zu wenden."

In den buddhistischen Lehren werden drei Gestimmtheiten beschrieben, die wir als Reaktion auf andere Menschen, auf Dinge oder auf Ereignisse erfahren: positiv (ein Gefühl von Glück), negativ (ein Gefühl der Gereiztheit) und neutral (keine positiven oder negativen Gefühle). Wenn wir positive Gefühle für jemanden hegen, dann ist es wahrscheinlicher, dass wir ihm gegenüber eine positive Gestimmtheit ausstrahlen und ihm Komplimente machen. So haben wir zum Beispiel den ganz natürlichen Impuls, jemandem Komplimente zu machen, den wir umwerben, oder auch einem niedlichen Kleinkind, das noch nicht zu einem störrischen Hosenmatz geworden ist.

Bei Menschen, die zum „Inventar" unseres Lebens gehören, vergessen wir, darauf zu achten, was sie tun, und es kommt uns nicht in den Sinn, ihnen Komplimente zu machen. Vielmehr kommentieren wir möglicherweise nur das Negative – Dinge, von denen wir meinen, sie müssten sich ändern. Ohne dass es unsere Absicht ist, kann dies allmählich eine negative Gestimmtheit in die gesamte Beziehung bringen. Bewusst darauf zu achten, was eine Person gut macht, und ihr echte Komplimente zu schenken, kann einer Beziehung neue Wärme, Vertrautheit und Empfänglichkeit verleihen.

Persönliche Komplimente über vergängliche oder von äußeren Umständen abhängige Eigenschaften, wie etwa Schönheit, sind uns oft ein wenig unangenehm. Warum ist das so? Weil wir intuitiv wissen, dass bestimmte Eigenschaften – wie körperliche Schönheit – auf die Gene zurückgehen, die wir glücklicherweise geerbt haben, oder auf geltende kulturelle Normen. Wir haben unser hübsches Gesicht nicht selbst geformt. Es ist ein vergängliches Geschenk. Wir wissen, dass es sich im Laufe der Zeit in etwas verwandeln wird, das ein Doppelkinn und viele Falten hat. Ein Jahr könnte genügen, es so zu verändern, dass man es nun als „hässlich" bezeichnen würde. Einige Jahre lang sind glatte Haare angesagt und junge Frauen verbringen Stunden damit, ihr lockiges Haar zu glätten. Dann kommen wieder Locken in Mode. Das Meiste, wofür wir Komplimente erhalten, ist vergänglich – eine schlanke Figur, sportliche Leistungen, selbst unsere Intelligenz. Selten handelt es sich um Eigenschaften, die wir uns tatsächlich verdient haben. Darum basieren die besten Komplimente auf der Wertschätzung eines Gefühls, das eine Person uns vermittelt hat.

Unter den vergänglichen Eigenschaften, die uns Komplimente eintragen, liegt unser

Wahres Wesen. Im Buddhismus wird es als unsere Buddha-Natur, in anderen Religionen als unsere göttliche Natur bezeichnet. Dies ist unsere Essenz. Sie basiert nicht auf Gefühlen, körperlichen Eigenschaften oder irgendeiner Art von Vergleich. Man kann sie nicht durch Komplimente aufblähen oder durch Kritik kleiner machen. Es gibt nichts, was man ihr hinzufügen und nichts, was man ihr wegnehmen könnte. Ganz gleich, was Sie richtig oder falsch gemacht haben, ganz gleich, was man Ihnen angetan hat, Ihre Essenz bleibt davon unberührt. Sie nimmt nicht zu, wenn Sie geboren werden, und sie nimmt nicht ab, wenn Sie sterben. Sie ist das Ewige, das als Sie selbst zum Ausdruck kommt.

> **SCHLUSSWORTE:** Freundliche Worte sind ein Geschenk. Sie erzeugen Reichtum im Herzen.

6

Auf Klänge lauschen

Die Übung: Halten Sie mehrfach am Tage inne und lauschen Sie einfach. Öffnen Sie Ihr Gehör für alles, was ringsumher geschieht – so, als wären Ihre Ohren riesige Radarantennen. Lauschen Sie den deutlich vernehmbaren und auch den leisen Geräuschen – in Ihrem Körper, im Zimmer, im Gebäude und draußen. Lauschen Sie, als seien Sie von einem fremden Planeten gekommen und gerade erst auf der Erde gelandet, als wüssten Sie nicht, was diese Geräusche hervorbringt. Finden Sie heraus, ob Sie alle Klänge als eine Musik hören können, die nur für Sie gespielt wird.

Gedächtnisstützen

Bringen Sie an verschiedenen Orten in Ihrem Haus oder an Ihrem Arbeitsplatz eine einfache Zeichnung eines Ohres an.

Entdeckungen

Wir werden ständig von Geräuschen überflutet, selbst an Orten, die wir als still bezeichnen würden, wie in einer Bibliothek oder in einem Wald. Unsere Ohren nehmen all diese Geräusche auf, aber unser Gehirn blockiert die Wahrnehmung der meisten von ihnen, damit wir uns auf die wichtigen konzentrieren können – das Gespräch, die Vorlesung, das Radioprogramm, den Flugzeugmotor und darauf, ob das Baby vielleicht gerade schreit.

Forschungen haben gezeigt, dass Babys Dinge hören, die Erwachsene nicht wahrnehmen können. Ihr Gehör ist so scharf, dass sie sogar die feinen Echos wahrnehmen, die nach den meisten Klängen entstehen. Wir lernen jedoch schon früh in unserem Leben, die Wahrnehmung dieser verwirrenden Geräusche zu unterdrücken. Interessanterweise bewahren sich die afrikanischen Buschleute diese Fähigkeit, vielleicht weil sie in der sehr stillen Umwelt der Wüste leben. Babys erkennen auch Musik sowie die melodischen Eigenschaften von Stimmen wieder, die sie vor ihrer Geburt im Mutterleib gehört haben.

Wenn wir beginnen, achtsam zu lauschen, dann eröffnet sich uns eine neue Welt. Geräusche, die wir zuvor als störend empfunden haben, werden interessant oder sogar amüsant, wenn wir sie als eine Art Musik von einem anderen Stern wahrnehmen. Hintergrundgeräusche treten in den Vordergrund. Während des Essens entdecken wir viele Geräusche in unserem Mund – besonders die von knusprigen Nahrungsmitteln. Der Rasenmäher des Nachbarn wird zu einem Teil der fortlaufenden Symphonie von Klängen. Ein Presslufthammer ist das Schlagzeug. Das Summen des Kühlschranks entfaltet sich zu einem Klangteppich vieler kaum wahrnehmbarer hoher und niedriger Töne.

Vertiefung

Die Übung des Lauschens ist eine wirkungsvolle Methode zur Beruhigung des Geistes. Wenn wir uns für ein Geräusch zu interessieren beginnen, dann möchten wir genauer hinhören. Um aufmerksam lauschen zu können, müssen wir die anderen Stimmen in unserem Geist bitten, für eine Weile still zu sein. Wir müssen den Geist bitten, die Geräusche nicht zu benennen („Die alte Karre von Herrn Meier") oder zu kommentieren („Er braucht einen neuen Auspuff"), sondern einfach nur aufmerksam zu sein und zu lauschen – so als hörten wir das Geräusch zum ersten Mal. So ist es tatsächlich – jedes Geräusch ist immer ganz neu.

Das Lauschen ist eine ausgezeichnete Methode, von dem endlosen Grübeln des ängstlichen Geistes Abstand zu nehmen. Sobald Sie sich dessen bewusst werden, dass Ihr Geist in einer selbsterzeugten Endlosschleife kreiselt, halten Sie inne und lauschen auf die Musik des Raumes. Wenn Sie fahrig geworden sind, nachdem Sie den ganzen Tag an Ihrem Computer gesessen haben, dann gehen Sie nach draußen, öffnen Ihr Gewahrsein in die Dunkelheit hinein und lauschen auf die Musik des Abends.

Es gibt ein berühmtes Koan, in dem es um das Geräusch geht. Ein Koan ist eine Frage, die den Geist für die direkte Erfahrung einer tieferen Wirklichkeit öffnet. Der berühmte japanische Zen-Meister Hakuin gab seinen Schülern das Koan: „Was ist das Geräusch der einen Hand?" Dieses Koan wurde in der Moderne trivialisiert (und falsch wiedergegeben) als: „Was ist das Geräusch des Klatschens einer Hand?" Doch wenn wir es in aller Ernsthaftigkeit üben, dann kann es den Geist für ein tiefes Lauschen öffnen.

Reduzieren Sie dieses Koan auf seine Essenz: „Was ist das Geräusch?" oder einfach nur „Geräusch?". Wenn Ihr Geist sich in seine endlos verschachtelten Korridore verirrt hat, dann bringen Sie ihn mit dieser Frage zurück ins Hier und Jetzt.

SCHLUSSWORTE: Selbst in dem, was wir Stille nennen, gibt es Geräusche. Um solch feine Klänge zu hören, muss der Geist sehr ruhig werden.

7

Liebevolle Berührung

DIE ÜBUNG: Gebrauchen Sie liebevolle Hände und liebevolle Berührung, selbst im Umgang mit unbelebten Dingen.

Gedächtnisstützen

Bringen Sie etwas Ungewöhnliches an einem Finger Ihrer dominanten Hand an. Möglich wäre zum Beispiel ein Ring, den Sie sonst nicht tragen, ein Heftpflaster, ein Tropfen Nagellack auf einem Fingernagel oder eine kleine Markierung mit einem farbigen Filzstift. Jedes Mal, wenn Sie die Markierung bemerken, verwenden Sie liebevolle Hände, eine liebevolle Berührung.

Entdeckungen
Während wir diese Übung praktizieren, werden wir uns bald bewusst, wann wir selbst oder andere *keine* liebevollen Hände verwenden. Es fällt uns auf, wie Lebensmittel in den Einkaufswagen geworfen werden, wie auf dem Flughafen Gepäck auf ein Förderband geschmissen wird, wie das silberne Besteck in eine Schublade gefeuert wird. Wir hören Metallschalen klappern, wenn wir sie nachlässig gestapelt haben, und Türen knallen, wenn wir es eilig haben.

Für diejenigen, die in unserem Garten Unkraut jäteten, ergab sich ein spezielles Dilemma. Wie kann man den Gebrauch liebevoller Hände üben, wenn man mit diesen Händen eine lebendige Pflanze mit der Wurzel aus dem Boden reißt? Ist es uns möglich, unser Herz für die Pflanze offenzuhalten und sie mit dem Gebet, ihr Leben (und das unsere) möge anderen zum Wohle gereichen, dem Kompost übergeben?

Als Medizinstudentin habe ich eine Reihe von Chirurgen erlebt, die für ihr „chirurgisches Temperament" bekannt waren. Wenn während einer Operation irgendeine Schwierigkeit auftauchte, dann benahmen sie sich wie Zweijährige, schmissen teure Instrumente hin und beschimpften die Operationsschwestern. Ein Chirurg fiel mir auf, der anders war. Er blieb auch unter Stress ruhig und – was noch viel wichtiger war – er ging mit dem Gewebe jedes narkotisierten Patienten so um, als sei es etwas sehr Kostbares. Damals beschloss ich, dass ich, wenn ich jemals einen Eingriff brauchte, darauf bestehen würde, von ihm operiert zu werden.

Während wir diese Übung praktizieren, weitet sich unser Achten auf liebevolle Berührung dahingehend aus, dass wir uns nicht nur dessen bewusst sind, wie wir die Dinge berühren, sondern auch, wie wir berührt werden. Das schließt nicht nur die Berührung durch menschliche Hände ein, sondern auch, wie uns unsere Kleidung, der Wind, das Essen und das Getränk in unserem Mund, der Boden unter unseren Füßen und vieles andere berührt.

Wir wissen durchaus, liebevolle Hände und Berührung zu gebrauchen. Wir berühren Babys, treue Hunde, weinende Kinder und Liebhaber mit Zärtlichkeit und Fürsorge. Warum also sollten wir die liebevolle Berührung nicht die ganze Zeit einsetzen? Dies ist die essenzielle Frage, wenn es um Achtsamkeit geht. Warum kann ich nicht die ganze Zeit auf diese Weise leben? Wenn wir einmal entdeckt haben, wie viel reicher unser Leben sein kann, wenn wir präsenter sind, warum fallen wir dann in unsere alten Gewohnheiten zurück und lassen uns gehen?

Vertiefung

Wir werden ständig von irgendetwas berührt, aber meistens sind wir uns dessen nicht bewusst. Wir nehmen eine Berührung erst dann bewusst wahr, wenn sie unangenehm ist (ein Stein in meiner Sandale) oder mit starkem Begehren verbunden ist (als sie oder er mich zum ersten Mal geküsst hat). Wenn wir beginnen, unser Gewahrsein für alle Empfindungen der Berührung zu öffnen, sowohl innerhalb als auch außerhalb unseres Körpers, so könnte uns das Angst machen. Es könnte überwältigend sein.

Wenn wir die liebevolle Berührung bei Menschen und nicht bei Objekten gebrauchen, ist uns das gewöhnlich eher bewusst. Sind wir jedoch in Eile oder auf jemanden ärgerlich, dann machen wir ihn oder sie zu einem Objekt. Wir rennen aus dem Haus, ohne zu jemandem, den wir lieben, auf Wiedersehen zu sagen; wir ignorieren den Gruß eines Kollegen, weil wir am Tag zuvor eine Auseinandersetzung mit ihm hatten. Auf diese Weise werden andere Menschen zu einem Objekt, zu einem Ärgernis, einem Hindernis und letztlich zu einem Feind.

In Japan werden Objekte oft personifiziert. Viele Dinge werden in Ehren gehalten und mit liebevoller Fürsorge behandelt, Dinge, die wir gewöhnlich für unbelebt halten würden und von denen wir deshalb glauben, sie verdienten keinen Respekt, geschweige denn Liebe. Geld wird einem Kassierer mit beiden Händen überreicht, Rührbesen für den grünen Tee erhalten Personennamen, zerbrochene Nadeln bekommen ein Begräbnis und werden in einem weichen Block Tofu zur Ruhe gelegt und das ehrerbietige „o-" wird den Bezeichnungen für weltliche Dinge wie Geld *(o-kane),* Wasser *(o-mizu),* Tee *(o-cha)* und sogar Essstäbchen *(o-hashi)* hinzugefügt. Dies geht vielleicht zurück auf die Shinto-Tradition der Verehrung von Kami oder Geistern, die in Wasserfällen, großen Bäumen und Bergen wohnen. Werden Wasser, Holz und Stein als heilig angesehen, dann sind alle Dinge, die aus ihnen entstehen, ebenfalls heilig.

Meine Zen-Meister lehrten mich durch ihr Beispiel, wie man mit allen Dingen so umgeht, als wären sie lebendig. Der Zen-Meister Maezumi Roshi öffnete Briefumschläge, selbst die von Werbepost, mit einem

Brieföffner, um einen glatten Schnitt zu machen, und nahm den Inhalt dann mit großer Aufmerksamkeit heraus. Es störte ihn, wenn Menschen ihr Sitzkissen mit den Füßen über den Boden schoben oder ihre Teller hart auf den Tisch stellten. „Ich fühle das in meinem Körper", sagte er einmal. Während heutzutage die meisten Priester Kleiderbügel verwenden, nimmt sich der Zen-Meister Harada Roshi jeden Abend die Zeit, seine Mönchsrobe zusammenzufalten und sie unter seiner Liegematte oder seinem Körper zu „bügeln". Seine Alltagsrobe sieht immer frisch aus. In seiner Obhut befinden sich jahrhundertealte Mönchsroben. Er behandelt jede Robe, als sei sie die Robe des Buddha.

Können wir uns das Berührungs-Gewahrsein von erleuchteten Wesen vorstellen? Wie sensibel mögen sie sein und wie weit mag das Feld ihrer Bewusstheit reichen? Jesus bemerkte augenblicklich, als eine kranke Frau den Saum seines Gewandes berührte, und sie wurde geheilt.

Schlussworte: „Wenn du Reis, Wasser oder irgendetwas anderes in die Hand nimmst, sollst du die warmherzige und besorgte Fürsorge von Eltern haben, die ein Kind aufziehen."
– Zen-Meister Dogen

8

Warten

Die Übung: Jedes Mal, wenn Sie warten müssen – in der Schlange an der Kasse, wenn Sie auf jemanden warten, der zu spät kommt, oder wenn Sie darauf warten, dass die „Bitte warten"-Meldung von Ihrem Computerbildschirm verschwindet –, nehmen Sie diese Gelegenheit wahr, um Achtsamkeit, Meditation oder Gebet zu praktizieren.

Es gibt viele gute Achtsamkeitsübungen für Zeiten des Wartens. Eine davon ist Aufmerksamkeit auf die Atmung, wobei Sie mit einigen tiefen Atemzügen beginnen, um die körperliche Spannung zu vertreiben, die daraus entsteht, dass Sie warten müssen, oder aus der Möglichkeit, dass jemand, auf den Sie warten, zu spät kommt. Finden Sie den Ort in Ihrem Körper, an dem Sie sich des Atems am stärksten bewusst sind – Nasenlöcher, Brust oder Bauch –, und richten Sie Ihre Aufmerksamkeit auf die Empfindungen in diesem Bereich und darauf, wie diese Empfindungen sich ständig ändern.

Eine andere nützliche Übung für Zeiten des Wartens ist das Lauschen auf Geräusche, wobei Sie Ihr Hörvermögen öffnen und ausdehnen und den gesamten Raum um Sie herum wahrnehmen. Andere gute Übungen sind die liebende Güte für den Körper und die Entspannung beim Ausatmen: Jedes Mal, wenn Sie ausatmen, achten Sie auf irgendeine überflüssige Spannung oder ein Festhalten in Ihrem Körper – um die Augen oder um den Mund herum, in den Schultern oder im Bauch – und lassen Sie diese los.

Wenn Sie merken, dass Sie ärgerlich werden, weil Sie „warten" müssen, dann sagen Sie sich selbst: „Was für ein Glück! Ich habe unerwartet etwas zusätzliche Zeit für die Übung von Achtsamkeit erhalten."

Gedächtnisstützen

Heften Sie eine kleine Notiz oder ein Klebeband mit dem Buchstaben W (für „Warteübung") auf die Uhr, auf der Sie mehrfach am Tag nach der Zeit sehen – auch auf Geräte wie die Uhr in Ihrem Auto oder Ihr Handy. Kleben Sie ebenfalls ein „W" auf Ihren Computerbildschirm oder Ihre Maus.

Entdeckungen

Ich entdeckte diese Übung, als ich gerade erst mit der Meditation begonnen hatte und 72 Stunden pro Woche als Assistenzärztin in einem stark frequentierten Kreiskrankenhaus arbeitete, wobei ich kaum Zeit genug hatte, auf die Toilette zu gehen. Zwei Zen-

Lehrer kamen mich im Krankenhaus besuchen. Ich eilte in das Wartezimmer und murmelte Entschuldigungen dafür, dass ich sie hatte warten lassen. „Kein Problem", sagte einer von ihnen. „Das hat uns eine zusätzliche Gelegenheit zum Sitzen gegeben." („Sitzen" bezeichnet im Zen die sitzende Meditation.) Ja, natürlich!

Diese Übung ist eine Antwort auf die Frage: „Wann kann ich, eine Person, die so viel zu tun hat, die Zeit für die Übung von Achtsamkeit finden?" Wir müssen der Übung von Achtsamkeit nicht eine längere Zeit am Stück widmen, auch wenn das bestimmt nicht schaden kann. Gelegenheiten, das Präsentsein zu üben, gibt es den ganzen Tag.

Wenn wir gezwungen sind zu warten, etwa in einem Verkehrsstau, dann machen wir instinktiv etwas, um uns von der Unannehmlichkeit des Wartens abzulenken. Wir schalten das Radio ein, rufen jemanden mit unserem Handy an oder schicken jemandem eine SMS, oder wir sitzen einfach da und rauchen. Die Übung der Achtsamkeit während des Wartens hilft uns, im Laufe des Tages viele kleine Momente zu finden, in denen der Faden der Bewusstheit aus dem Gewebe unseres Lebens, in dem er gewöhnlich verborgen liegt, an die Oberfläche treten kann. Das Warten, ein häufiges Ereignis, das gewöhnlich zu negativen Gefühlen führt, kann so in ein Geschenk verwandelt werden – das Geschenk freier Zeit für die Übung. Der Geist profitiert in zweifacher Hinsicht davon: erstens durch das Aufgeben von negativen Geisteszuständen und zweitens dadurch, dass wir die wohltuende Auswirkung von einigen zusätzlichen Minuten der Praxis mitten im Alltag zu spüren bekommen.

Mein erster Lehrer für die „Übung des Wartens" war mein ungemein geduldiger Vater. Sonntagsmorgens warf er sich in Schale, setzte sich dann in unser Auto und begann die Sonntagszeitung zu lesen. Währenddessen trudelten, eine nach der anderen, seine Frau und seine drei Töchter ein, nur um gleich wieder auszusteigen und mehrfach wegen aller möglicher vergessenen Dinge –

Handschuhe, Notizbücher, Lippenstifte, Socken ohne Löcher, Hüte, Gesangsbücher und so weiter – ins Haus zurückzulaufen. Erst wenn das Hin-und-her-Gerenne und Türenschlagen aufgehört hatte, schaute er von seiner Zeitung auf, faltete sie ruhig zusammen und startete den Motor.

Vertiefung

Während Sie diese Übung praktizieren, lernen Sie, schon früh die körperlichen Veränderungen zu bemerken, die das Auftauchen von negativen Gedanken und Gefühlen begleiten, wie etwa die Ungeduld darüber, dass Sie warten müssen, oder den Ärger über „diesen Idioten", der vor Ihnen in der Schlange an einem Schalter steht. Jedes Mal, wenn es uns gelingt, innezuhalten und das Ausreifen eines negativen Geisteszustands zu verhindern (etwa Ärger über den Verkehr oder einen langsamen Kassierer), löschen wir ein gewohnheitsmäßiges und unzuträgliches Muster unseres Herz-Geistes aus. Wenn wir die Karre unseres Geistes nicht in denselben alten Wagenspuren denselben alten Hügel in denselben alten Sumpf hinabrollen lassen, dann werden die Wagenspuren allmählich aufgefüllt. Schließlich werden sich unsere Gewohnheitsmuster der Verärgerung und Frustration über so etwas wie das Warten auflösen. Das braucht Zeit, aber es funktioniert. Und es ist die Sache wert, weil jeder in unserer näheren Umgebung davon profitieren wird.

Viele von uns haben einen Verstand, der ihren Selbstwert an ihrer Produktivität misst. Wenn ich heute nichts produziert habe, wenn ich kein Buch geschrieben, keinen Vortrag gehalten, kein Brot gebacken, kein Geld verdient, nichts verkauft, nichts verdient, keine gute Note bei einem Test erhalten oder einen Seelenpartner gefunden habe, dann war meine Zeit verschwendet und ich bin ein Versager. Wir gratulieren uns nicht dafür, dass wir uns die Zeit genommen haben, einfach nur „da", nur präsent zu sein. Das „Warten" wird deshalb zu einer Quelle der Frustration. Wenn man bedenkt, was wir in der Zeit alles hätten tun können!

Doch wenn Sie die Menschen, die Ihnen etwas bedeuten, fragen, was sie sich am meisten von Ihnen wünschen, dann werden sie wahrscheinlich so etwas antworten wie „deine Präsenz" oder „deine liebevolle Aufmerksamkeit". Präsenz produziert keine greifbaren Gegenstände, nur positive Gefühle, Gefühle der Unterstützung, der Intimität und des Glücks. Wenn wir aufhören, geschäftig und produktiv zu sein, und dazu übergehen, einfach nur still und gewahr zu sein, dann werden auch wir selbst Unterstützung, Intimität und Glück erfahren, selbst wenn sonst niemand in unserer Nähe ist. Diese positiven Gefühle sind ein „Produkt" mit großer Nachfrage, das sich jedoch nicht kaufen lässt. Sie sind das natürliche Ergebnis von Präsenz. Sie sind ein Geburtsrecht, das zu besitzen wir vergessen haben.

SCHLUSSWORTE: Ärgern Sie sich nicht, wenn Sie warten müssen. Freuen Sie sich an der zusätzlichen Gelegenheit, das Präsentsein zu üben.

9

Im Geheimen Gutes tun

Die Übung: Tun Sie eine Woche lang jeden Tag im Geheimen etwas Freundliches oder Tugendhaftes. Tun Sie etwas, das für andere gut oder notwendig ist, aber tun Sie es anonym. Diese guten Taten können etwas ganz Einfaches sein, wie etwa das Abwaschen des Geschirrs, das jemand in der Spüle hinterlassen hat, das Aufheben von Abfall auf dem Bürgersteig, das Reinigen des Waschbeckens im Badezimmer (wenn es nicht zu Ihren Aufgaben gehört), eine anonyme Spende oder das Hinterlassen einer Tafel Schokolade auf dem Schreibtisch eines Kollegen.

Gedächtnisstützen

Legen Sie ein Notizbuch auf Ihren Nachttisch und benutzen Sie es, um jeden Abend zu planen, welche geheime gute Tat Sie am nächsten Tag tun wollen. Sie könnten auch kleine Bilder von Elfen an strategischen Stellen in Ihrem Heim oder an Ihrem Arbeitsplatz aufhängen.

Entdeckungen

Es macht überraschenderweise viel Spaß, insgeheim nette Dinge für andere Menschen zu tun. Haben Sie erst einmal ernsthaft mit dieser Übung begonnen, dann beginnen Sie, nach neuen Ideen Ausschau zu halten, und es tauchen immer mehr Möglichkeiten auf. „Ach ja, morgen könnte ich ihr zur Begrüßung eine Tasse Tee auf den Schreibtisch stellen, oder ich könnte den Dreck von seinen Laufschuhen auf der Terrasse abbürsten." Das ist wie der Superheld namens „Geheime Tugend", der mitten in der Nacht umherschleicht und gute Taten tut. Es ist aufregend, wenn man versucht, sich nicht erwischen zu lassen, und wie manche Leute zugeben, kann es auch ein wenig enttäuschend sein, wenn man nicht erwischt wird und deshalb keine Bestätigung erhält. Noch interessanter ist es, den Mund zu halten, wenn jemand anderer den Dank für ein Geschenk erhält, das von einem selbst stammt.

In allen Religionen wird die Großzügigkeit sehr geschätzt. In der Bibel heißt es, es sei segensreicher zu geben, als zu nehmen. Im Islam gibt es zwei Arten der Mildtätigkeit: einerseits die Pflicht, Almosen zu geben, um Arme und Waisen zu unterstützen, und andererseits das freiwillige Geben, zum Beispiel im Rahmen eines Stipendiums oder einer Stiftung. Das Geben als Pflicht reinigt die restlichen Einkünfte einer Person und wird als eine Form des Gebets oder des Gottesdienstes betrachtet. Das freiwillige Geben im Geheimen soll 70-mal so viel wert sein wie das obligatorische Almosengeben.

Eine meiner liebsten Übungen ist das, was ich „Metta im Vorbeifahren" nenne. (*Metta* ist ein Sanskrit-Wort das „Liebende Güte" oder „Bedingungslose Freundlichkeit" bedeutet.) Während ich zur Arbeit fahre, sage ich für jeden, an dem ich auf der Straße vorbeifahre – Fußgänger, Radfahrer und besonders rücksichtslose Fahrer, die es eilig haben – mit dem Ausatmen still vor mich hin: „Mögest du frei von Angst sein. Möge es dir wohl ergehen." Ich weiß nicht, ob diese geheime Übung diesen Menschen nützt, aber mir hilft sie ganz bestimmt. Die Tage, an denen ich Metta im Vorüberfahren übe, verlaufen stets glatter als die anderen.

Vertiefung

Unsere Persönlichkeit setzt sich aus vielen Strategien zusammen, mit denen wir erreichen wollen, dass andere uns lieben und für uns sorgen, dass wir bekommen, was wir uns wünschen, und dass wir in Sicherheit sind. Diese Übung hilft uns herauszufinden, inwieweit wir bereit sind, uns zu bemühen, Gutes für andere zu tun, wenn wir nie dafür gelobt werden. Im Zen heißt es, wir sollten „einfach geradeaus gehen" – wir sollten unser Leben auf geradlinige Weise leben, basierend auf dem, was wir als gutes Verhalten erkannt haben, unbeeinflusst von Lob oder Kritik.

Ein Mönch fragte einmal den chinesischen Zen-Meister Hui-hai: „Was ist das Tor (in der Bedeutung von „Eingang" ebenso wie von „Pfeiler") der Zen-Praxis?" Hui-hai antwortete: „Vollständiges Geben."

Der Buddha sagte: „Wüssten die Menschen ebenso wie ich um die Früchte des Teilens von Gaben, dann hätten sie keine Freude an ihrem Gebrauch, ohne sie mit anderen zu teilen, und ihr Herz wäre nicht vom Makel des Geizes eingenommen. Selbst wenn es ihr letzter Bissen wäre, der letzte Krümel Nahrung, den sie besitzen, sie hätten keine Freude daran, ihn ungeteilt zu essen, wenn da noch jemand anderer wäre, mit dem sie ihn teilen könnten."

Der Buddha sprach immer wieder vom Wert der Großzügigkeit und sagte, dies sei die wirksamste Methode zum Erreichen der Erleuchtung. Er empfahl, einfache Gaben zu geben, etwa reines Trinkwasser, Nahrung,

Unterkunft, Kleidung, Transport, Licht, Blumen. Selbst arme Menschen, so sagte er, können großzügig sein, indem sie einer Ameise einen Krümel von ihrem Essen abgeben. Jedes Mal, wenn wir etwas verschenken – sei es ein materielles Objekt oder unsere Zeit (Ist sie wirklich „unsere" Zeit?) –, lassen wir ein Stückchen von dieser sorgfältig angesammelten und eifrig verteidigten flüchtigen Ansammlung von Dingen los, die wir „Ich, mich und mein" nennen.

> **SCHLUSSWORTE:** Großzügigkeit ist die höchste Tugend, und anonymes Geben ist die höchste Form der Großzügigkeit.

10

Nur drei Atemzüge

DIE ÜBUNG: Gönnen Sie Ihrem Geist so oft am Tag wie möglich eine kurze Ruhepause. Bitten Sie die inneren Stimmen, für die Dauer von drei Atemzügen zu schweigen. Es ist so, als schalteten Sie für wenige Minuten das innere Radio oder den inneren Fernsehapparat ab. Öffnen Sie dann alle Ihre Sinne, um einfach nur gewahr zu sein – der Farben, Klänge, Berührungen und Düfte.

Gedächtnisstützen

Kleben Sie Sticker mit der Ziffer 3 darauf auf Dinge in Ihrer Umgebung. Sie könnten auch die Zeichnung einer Person mit einer leeren Sprechblase über dem Kopf aufhängen. Vielleicht hilft es Ihnen auch, einen Wecker oder Ihr Handy so einzustellen, dass sie im Laufe des Tages in unregelmäßigen Abständen klingeln.

Entdeckungen

Wenn Menschen gerade begonnen haben, zu meditieren oder das kontemplative Gebet zu üben, dann erfahren sie ein gewisses Maß an Befreiung vom ständigen Kreisen der Gedanken. Sie sind glücklich. Wenn sich ihre Konzentration dann jedoch vertieft, sind sie oft verzweifelt darüber, dass sich ihr Geist als eine Art hyperaktives zweijähriges Kind erweist, das nicht stillsitzen kann und nicht länger als einige wenige Minuten im gegenwärtigen Augenblick zu verweilen vermag. Ihr Geist ist den ganzen Tag lang aktiv. Er reist in die Vergangenheit, indem er vergangene Freuden und Verletzungen neu durchlebt. Er eilt voraus in die Zukunft und macht Hunderte von Plänen. Er entflieht in Phantasien und erzeugt Luftschlösser, um all seine Wünsche zu erfüllen. Wer zu meditieren beginnt, entdeckt auch seine inneren Stimmen, die ständig schwatzen, vergleichen und kritisieren und nach Vernunftgründen suchen. In diesem Stadium sagen die Leute oft, dass sie am liebsten wieder mit der Meditation aufhören würden. Sie haben das Gefühl, dass ihr Geist mehr Krach macht als je zuvor! Sobald ihr Geist von der Übung abirrt, sind sie voller Selbstkritik. Statt Fortschritte zu machen, scheinen sie Rückschritte zu machen.

Es sieht so aus, als sei unser Geist nur für kurze Zeit bereit, bei dem Spiel seiner Beruhigung mitzumachen. Wenn er erkennt, dass wir es ernst damit meinen, ihn ruhigzustellen und sogar für einige Zeit ohne seine ständige Anleitung zu leben, dann gerät er womöglich in Panik und fängt an, wie ein Hamster in seinem Laufrad zu rennen. Unser Geist schaltet dann auf Selbstverteidigung, versucht die

Quelle seines Ungemachs zu finden und erzeugt Verurteilungen anderer und Selbstkritik. Wenn diese negativen Gedanken und Gefühle den Geist erfüllen, kann das die Übung der Achtsamkeit schwächen und schließlich ganz zerstören.

Die einfache Übung der drei Atemzüge kann befreiend wirken. Sie vermag diese Art von Abwärtsspirale zu unterbrechen und unsere Praxis zu erneuern. Wir fordern den Verstand auf, ein wenig zu ruhen, für drei Atemzüge völlig still zu werden. Weil wir drei Atemzüge nicht zählen müssen, können wir sie voll und ganz genießen. Sind die drei Atemzüge getan, dann geben Sie den Verstand für ein Weilchen frei und richten anschließend Ihre volle Aufmerksamkeit wieder auf bloße drei Atemzüge. Wenn unser Geist immer häufiger im gegenwärtigen Augenblick ruht, so beruhigt er sich ganz von selbst. Wir können dann mühelos für einige Atemzüge mehr und dann für noch mehr Atemzüge präsent bleiben, bis wir in der Lage sind, in entspanntem, offenem Gewahrsein zu sitzen.

Vertiefung

Selbst während der Nacht ruht unser Geist nicht. Er erzeugt Träume und verarbeitet das unverdaute Material unserer Tage. All diese mentale Aktivität, all diese Entscheidungen und Möglichkeiten sind verwirrend und sogar ermüdend. So wie der Körper regelmäßige Ruhephasen braucht, braucht sie auch der Geist.

Den Geist in vollkommener Stille, in reinem Gewahrsein ruhen lassen, bedeutet, ihn zu seiner ursprünglichen Natur, zu seinem natürlichen Zustand zurückkehren zu lassen. Diese Übung hilft uns, die Gewohnheit des zwanghaften Denkens zu durchbrechen. Es ist nicht nötig, dass unser Geist ständig all die Ereignisse unseres Lebens nacherzählt. Wir brauchen seine inneren Kommentare zu allem und jedem, dem wir begegnen, nicht. Diese Erzählung, diese Kommentare trennen uns von der bloßen Erfahrung des Lebens, wie es ist.

Der Geist hat zwei Funktionen: Denken und Gewahrsein. Als neugeborene Babys haben wir noch keine Wörter in unserem Geist.

Wir leben in reinem Gewahrsein. Wenn wir sprechen lernen, beginnen Wörter unseren Geist und unseren Mund zu füllen. Meine zweijährige Enkelin plappert den ganzen Tag lang, einfach nur, um ihre neue Fertigkeit des Redens zu üben, und sie sonnt sich in all dem Lächeln und dem Lob, das sie damit bei den Erwachsenen in ihrer Umgebung erntet. Das Sprechenlernen ist ein notwendiger Schritt in unserer Entwicklung, aber es ist auch der Anfang eines Geistes, der in unserem Kopf ständig vor sich hin plappert. Dieses innere Geschwätz verbraucht Energie. Der Geist ruht erst dann wirklich aus, wenn wir in der Lage sind, seine Denkfunktion ab- und seine Gewahrseinsfunktion einzuschalten. Gewöhnlich warten wir damit, bis wir wenigstens eine halbe Stunde Zeit zum Meditieren oder für die Zentrierung im Gebet haben. Wir können jedoch auch kurze Momente der Geistesruhe in den Alltag einstreuen. Wenn unser Geist ruht, und sei es auch nur für eine so kurze Zeit wie drei Atemzüge, dann erfrischt und klärt ihn das.

Der Buddha verglich den ungezügelten Geist mit einem wilden Elefanten. Er verausgabt seine Kraft, indem er wild umherrennt. Damit wir seine Kraft einsetzen können, müssen wir ihn zuerst an einen Pfahl anbinden. Genau das tun wir, wenn wir den Geist an den Atem binden. Dann lehren wir den Elefanten stillzustehen. Wir lehren den Geist, sich selbst zu lehren und bereitzustehen – wach aber entspannt, in Erwartung dessen, was als Nächstes auftaucht.

Schaltet der Geist vom produktiven in den aufnehmenden Modus um, dann kehren wir zum reinen Gewahrsein des Kleinkinds zurück. Wir sind fähig, die unerschöpfliche Quelle wieder anzuzapfen. Hinterher fragt der verjüngte Geist: „Warum machen wir das nicht öfter?"

> SCHLUSSWORTE: Gesundheitsrezept: Beruhigen Sie den Geist für bloße drei Atemzüge. Wiederholung so oft wie nötig.

11

In neue Räume eintreten

DIE ÜBUNG: Unsere Kurzbezeichnung für diese Achtsamkeitsübung ist „Achtsamkeit in Bezug auf Türen", aber tatsächlich gehört zu dieser Übung, dass Sie sich jedes Übergangs zwischen Räumen bewusst werden, wenn Sie also eine Art von Raum verlassen und in einen anderen eintreten. Bevor Sie durch eine Tür gehen, halten Sie inne, sei es auch nur für eine Sekunde, und nehmen Sie einen Atemzug. Werden Sie sich der Unterschiede bewusst, die Sie in jedem neuen Raum empfinden, in den Sie eintreten.

Es ist ein Teil dieser Übung, dass Sie Ihre Aufmerksamkeit darauf richten, wie Sie die Tür schließen, wenn Sie in einen neuen Raum eintreten. Wir gehen oft unmittelbar in einen neuen Raum über, ohne mit dem alten abgeschlossen zu haben, und vergessen, die Tür hinter uns zufallen zu lassen.

Gedächtnisstützen

Kleben Sie einen auffälligen Sticker, wie etwa einen großen Stern, auf die Türen, durch die Sie zu Hause gewöhnlich gehen. Denken Sie auch an Türen zu Kammern, Garagen, Schuppen, Kellern und Büroräumen. Oder Sie malen ein großes „T" auf den Rücken der Hand, mit der Sie gewöhnlich Türen öffnen.

Entdeckungen

Lassen Sie sich nicht entmutigen, wenn es Ihnen zuerst nicht gelingt, diese Übung auszuführen. Es ist eine der schwierigsten

Übungen, die wir in unserem Kloster im Laufe der Jahre praktiziert haben. Oft werden Sie auf eine Tür zugehen und dabei denken: „Tür. Tür. Gehe achtsam durch die ..." – und plötzlich finden Sie sich auf der anderen Seite der Tür, ohne sich dessen bewusst gewesen zu sein, wie Sie durch sie hindurchgegangen sind. Nachdem wir diese Übung ein- bis zweimal im Jahr eine Woche lang praktiziert hatten, wurden wir schließlich besser darin, uns des Betretens eines neuen Raums bewusst zu werden, selbst wenn es keine so hilfreiche Schwelle wie eine Tür gab.

Die Unterschiede zwischen den verschiedenen Räumen sind dann am auffälligsten, wenn Sie aus einem Innenraum nach außen treten. Es gibt deutliche Unterschiede in der Temperatur, der Luftqualität, dem Geruch, dem Licht, den Geräuschen und der gefühlten Atmosphäre. Mit einiger Übung sind wir auch in der Lage, diese Arten von Unterschieden zu erkennen, wenn wir im Laufe des Tages innerhalb eines Hauses in eines der vielen Zimmer hineingehen oder aus ihm hinaustreten, auch wenn diese Unterschiede unterschwelliger sein mögen.

Ein Übender hat einmal einen Zähler benutzt, um festzustellen, durch wie viele Türen er im Laufe eines Tages ging – es waren über 240! Das sind massenhaft Gelegenheiten, einen Moment der Achtsamkeit einzuschieben. Diese Übung scheint die Kreativität sowie neue Übungen anzuregen. So fügte zum Beispiel eine Frau die Übung hinzu, zu bemerken, wie sich „Türen" in ihrem Geist öffneten und schlossen, wenn sie von einer Gedankenverbindung abließ und zu einer anderen überging. Sie wurde sich sehr deutlich dessen bewusst, wie sie während der Meditation in ihrem Geist in neue „Räume" überging. Eine andere Person, die es ihr Leben lang gewohnt gewesen war, Türen zuzuschlagen, arbeitete daran, Türen sanft zu schließen. Wieder eine andere Übende versuchte, die Weite ihres Geistes an die jeden neuen Raumes anzupassen, in den sie eintrat.

Vertiefung

Viele von uns, darunter ich selbst, mussten diese Übung mehrere Wochen wiederholen, bis wir fähig waren, auch nur die Hälfte der Türen, durch die wir hindurchgingen, achtsam zu durchschreiten. Wir wurden besser darin, als jemand in einem dämmrigen Flur in der Nähe einer viel benutzten Tür eine große Plexiglasscheibe aufhängte. Wir alle rannten immer wieder in diese Scheibe hinein, selbst derjenige, der sie aufgehängt hatte! Ein paar Schläge auf den Kopf können für die eigene Achtsamkeit Wunder wirken.

Wir dachten auch darüber nach, warum diese Übung eine solche Herausforderung darstellt. Jemand hatte eine Einsicht: Wenn wir auf eine Tür zugehen, geht unser Geist bereits in die Zukunft voraus, hin zu dem, was wir auf der anderen Seite antreffen und tun werden. Diese Bewegung des Geistes ist nicht offensichtlich. Man muss sehr aufmerksam sein, um sie wahrzunehmen. Sie lässt uns für kurze Zeit unbewusst für das sein, was wir in der Gegenwart tun. Der unbewusste oder halb bewusste Geist vermag uns jedoch sicher durch die Bewegungen des Öffnens der Tür und des Hindurchgehens zu steuern.

Dies ist ein Beispiel dafür, wie wir durch einen großen Teil unseres Tages „schlafwandeln", wie wir uns in der Welt zurechtfinden, während wir in einen Traum verstrickt sind. Dieser halb bewusste Zustand ist eine Quelle des Unbefriedigtseins (*dukkha* auf Sanskrit), des andauernden Gefühls, dass irgendetwas nicht ganz in Ordnung ist, dass es eine Kluft gibt zwischen uns und dem Leben, wie es tatsächlich abläuft.

SCHLUSSWORTE: Nehmen Sie jeden physischen Raum und jeden geistigen Raum, in den Sie eintreten, bewusst wahr.

12

Lassen Sie die Hände ruhen

DIE ÜBUNG: Entspannen Sie Ihre Hände mehrmals am Tag vollkommen. Lassen Sie sie für wenigstens einige Sekunden in totalem Stillstand ruhen. Eine Weise, dies zu tun, besteht darin, sie in den Schoß zu legen und Ihre Aufmerksamkeit auf die fast unmerklichen Empfindungen in Ihren stillen Händen zu richten.

Gedächtnisstützen

Tragen Sie Ihre Armbanduhr verkehrt herum. Wenn Sie keine Armbanduhr tragen, dann binden Sie sich eine Kordel oder ein Gummiband um das Handgelenk.

Entdeckungen

Unsere Hände sind immer geschäftig. Wenn sie gerade nichts zu tun haben, dann sind sie leicht angespannt, stets bereit, aktiv zu werden.

Die Hände verraten unseren Geisteszustand, ob wir entspannt sind oder uns unwohl fühlen. Vielen Menschen sind unbewusste nervöse Handgesten eigen: Sie reiben oder ringen ihre Hände, berühren ihr Gesicht, klopfen mit den Fingern einen Rhythmus, schnipsen mit den Fingernägeln, lassen die Fingergelenke knacken oder kreiseln mit den Daumen. Menschen, die beginnen zu meditieren, fällt es oft schwer, die Hände stillzuhalten. Sie verändern vielleicht rastlos die Position ihrer Hände, und sobald irgendwo das kleinste Jucken auftaucht, sind die Hände gleich eilig zur Stelle, um zu kratzen.

Wenn wir unsere Hände entspannen, dann entspannt sich auch der Rest unseres Körpers und sogar unser Geist. Die Hände zu entspannen, ist also eine Methode, den Geist zu beruhigen. Wir haben auch herausgefunden, dass wir aufmerksamer zuhören können, wenn unsere Hände still im Schoß liegen.

Als ich diese Übung ausführte, fiel mir auf, dass meine Hände beim Autofahren das Steuer verkrampft umklammert hielten. Jetzt achte ich häufiger auf diese unbewusste Gewohnheit und lockere meinen Griff. Ich habe festgestellt, dass ich das Lenkrad lockerer halten und trotzdem sicher fahren kann. Wenn ich meinen Griff am Steuer gelockert habe, stelle ich oft fest, dass ich nach zehn Minuten wieder wie gewohnt fest zupacke. Darum nennen wir dies eine Achtsamkeits-*übung*. Wir müssen sie immer und immer wieder ausführen, um wirklich bewusst zu werden. Wir beginnen mit der Übung und kehren dann zu unserem unbewussten Verhalten zurück, werden uns dessen bewusst, beginnen erneut mit der Übung – und so weiter.

Vertiefung

Körper und Geist arbeiten zusammen. Wenn wir den Geist beruhigen, kann sich der Körper entspannen. Wenn der Körper stillhält, kann auch der Geist still werden. Die Gesundheit beider bessert sich dann.

Für die meisten Aufgaben in unserem Leben ist keine Anspannung notwendig – sie ist bloße Energieverschwendung. Es gibt eine Meditation, die „Körperbetrachtung" oder „Body Scan" genannt wird. Sie kann uns helfen, unbewusste, im Körper lauernde Spannung erst einmal zu entdecken und sie dann zu lindern oder ganz auszuräumen. Das geht folgendermaßen: Sie sitzen still und richten Ihre Aufmerksamkeit von oben nach unten nacheinander auf verschiedene Körperregionen. Welche Empfindung haben Sie von der Kopfhaut und Ihren Haaren? Wenn Sie sich dieser Empfindungen erst einmal bewusst sind, versuchen Sie, überflüssiges

Festhalten oder Spannungen aufzuspüren und diese beim Ausatmen sanft zu lockern. Gehen Sie als Nächstes zur Stirn, dann zu den Augen und so weiter, eine Körperpartie nach der anderen. Es ist interessant, zu entdecken, wie viel körperliche Spannung wir in welchen Körperteilen unbewusst aufrechterhalten.

Den Großteil unseres Lebens verbringen wir in zwei körperlichen „Modi": Nachts legen wir uns hin und schlafen entspannt. Wenn der Wecker klingelt, stehen wir auf und schalten in den Modus um, den wir im Laufe des Tages verwenden: aufrecht, angespannt und munter. Es gibt in unserem geschäftigen Leben nur wenige Zeiten, in denen wir sowohl aufrecht *als auch* entspannt sind. (Unglücklicherweise gibt es auch Zeiten, in den wir zwar liegen, aber weder entspannt sind noch schlafen. Stattdessen grübeln wir, ängstigen uns, wälzen uns ruhelos und können nicht einschlafen.)

Wach, munter und entspannt zu sein, ist ein Zustand, den wir vielleicht an einem

Ferientag erleben. Wir wachen später als gewöhnlich auf, voll ausgeschlafen, und liegen im Bett, ohne an irgendetwas zu denken oder etwas tun zu müssen. Wir hören die Vögel und die Müllabfuhr, aber in unserem Körper und Geist gibt es keine Spannung. Meine Mutter nannte dies die „Zeit zwischendurch, meine beste Gelegenheit, über wichtige Dinge nachzudenken". Das stimmt, es *ist* die beste Gelegenheit, weil unser Geist dann, unbelastet von den Überlebenssorgen des „Ich, mich, mein", wichtige Dinge tiefer gehend betrachten kann. In der Meditation weiten wir diesen Zwischenzustand bewusst aus. Wir entspannen uns bewusst, während wir aufrecht und wach bleiben. Das ist zuerst nicht ganz leicht. Wir gleiten ab in die Sorge, dass unsere Meditation nicht perfekt ist und wir keine Erleuchtung erlangen werden. Unsere Schultern beginnen vor Anspannung zu schmerzen. Wir werden schläfrig und sind so entspannt, dass wir fast vornüber fallen, bis uns ein Geräusch wieder aufschreckt. Wir brauchen einige Übung, um das Gleichgewicht halten zu können.

> **SCHLUSSWORTE:** Denken Sie daran, die Hände zu entspannen – und damit den ganzen Körper und Geist.

13

Ja sagen

DIE ÜBUNG: Bei dieser Übung sagen wir Ja zu jedermann und zu allem, was geschieht. Wenn Sie den Impuls verspüren, zu widersprechen, fragen Sie sich, ob das wirklich notwendig ist. Können Sie vielleicht einfach nicken oder sogar freundlich schweigen? Wann immer es Sie selbst oder andere nicht in Gefahr bringt, stimmen Sie anderen oder dem, was in Ihrem Leben geschieht, zu.

Gedächtnisstützen

Kleben Sie Sticker mit dem Wort „Ja" in Ihrem Heim und an Ihrem Arbeitsplatz an Stellen, wo sie Ihnen auffallen. Schreiben Sie „Ja" auf Ihren Handrücken, damit Sie es häufig sehen.

Entdeckungen

Diese Übung hilft uns zu sehen, wie oft wir einen negativen Standpunkt einnehmen oder anderen widersprechen. Sind wir fähig, unseren Geist zu beobachten, während jemand mit uns spricht – besonders wenn die Person uns bittet, etwas zu tun –, dann können wir sehen, wie unsere Gedanken Abwehr und Gegenargumente formulieren. Können wir uns dem Wunsch zu widersprechen widersetzen, solange es nicht um etwas Entscheidendes geht? Können wir unsere mentale und körperliche Haltung gegenüber den Dingen, die im Laufe eines typischen Tages auftauchen, beobachten? Ist unser automatischer Gedanke „Aber nein"?

Unsere gewohnheitsmäßige ablehnende Haltung kann sich in Form von Gedanken zeigen („Nein, also da kann ich nicht zustimmen") oder sich in unserer Körpersprache (Anspannung von Muskeln, Verschränken der Arme), unserem verbalen Ausdruck („Was für eine blöde Idee") oder unserem Handeln (Kopfschütteln, Augenrollen, Ignorieren des Sprechenden) niederschlagen.

Menschen aus bestimmten Berufsgruppen tun sich mit dieser Übung besonders schwer. Rechtsanwälte zum Beispiel sind darauf trainiert, Schwächen in einem Vertrag oder Fehler in den Aussagen eines Zeugen oder eines anderen Anwalts zu entdecken. Akademiker sind darauf aus, die Forschungsergebnisse und Theorien anderer Akademiker zu kritisieren. Ihr beruflicher Erfolg kann davon abhängen, ob sie „aggressiv" genug sind. Wenn man diese Haltung jedoch den ganzen Tag lang kultiviert, ist sie nur schwer wieder abzulegen, wenn man am Abend nach Hause kommt.

Ein Mann bemerkte beim Ausführen dieser Übung, dass ein äußerliches „Ja" nicht so stark ist wie eine tatsächlich vorhandene „Nein"-Einstellung im Inneren, und er sagte, die Übung habe ihm geholfen, eine innerlich eingeengte Geistesverfassung zu entdecken. Ein anderer Mann stellte fest, dass er immer dann, wenn eine Bitte an ihn herangetragen wurde, unter Abwägung anderer Erledigungen antwortete – er habe ja doch so viele andere Dinge zu tun. Er fand es befreiend, einfach nur Ja zu sagen und sich so die ganze Mühe zu ersparen, erst eine Entscheidung treffen zu müssen. Die Sache fühlte sich großzügig an. Eine weitere Übende sagte, das Jasagen erzeuge bei ihr ein Gefühl des Wohlbefindens, weil sie dann einfach mit dem Fluss der Menschen, die in ihr Büro kämen, fließen könne, ohne sich dem zu widersetzen. Man kann diese Übung den Umständen entsprechend abändern. Man kann innerlich ein „Ja" zu dem Wunsch der Kinder, auf den Polstermöbeln herumzuspringen, aufrechterhalten und ihre Energie trotzdem zum Spielplatz hin umlenken.

Vertiefung

Die buddhistische Überlieferung beschreibt drei Geistesgifte – Gier, Abneigung und Unwissenheit. Wir haben diese Übung für Zen-Schüler entwickelt, die besonders mit Abneigung zu kämpfen haben – Menschen, die sich gewohnheitsmäßig gegen das verwahren, was man von ihnen verlangt, und die sich gegen das Leben sträuben. Ihre erste und unbewusste Reaktion auf alles, worum man sie bittet, ist ein „Nein", das entweder in der Körpersprache oder *expressis verbis* zum Ausdruck kommt. Manchmal kommt das „Nein" in Form eines „Ja, aber ..." und manchmal in Form aller möglicher Vernunftgründe, aber es ist und bleibt ein durchgängiges und hartnäckiges Muster des Widerstands.

Menschen, die in Abneigung feststecken, treffen wichtige Entscheidungen in ihrem Leben oft nicht auf der Grundlage einer positiven Entscheidung für ein bestimmtes Ziel, sondern weil sie von etwas Abstand gewinnen wollen, das sie als negativ wahrnehmen. Sie handeln reaktiv und nicht initiativ. „Meine Eltern haben früher ihre Rechnung nicht rechtzeitig bezahlt und man hat uns den Strom abgestellt. Heute will ich Buchhalter werden." Und nicht etwa: „Ich möchte Buchhalter werden, weil ich Zahlen liebe."

Wenn Mönche in ein japanisches Kloster der Soto-Zen-Schule eintreten, dann sagt man ihnen, während des ersten Jahres der Schulung sei die einzig akzeptable Antwort auf eine an sie gerichtete Anweisung *„Hai!* (Ja!)". Das ist eine ungemein wirksame Schulung. Sie durchdringt die Schichten scheinbarer Reife bis hinab zu dem Kern des trotzigen Zweijährigen oder Teenagers im Inneren.

Wenn wir nicht widersprechen, so hilft uns das, von vielen egoistischen Sichtweisen abzulassen und zu sehen, dass unsere persönliche Meinung letztlich nicht so wichtig ist. Es ist überraschend, wie oft unsere Uneinigkeit mit einer anderen Person tatsächlich unwichtig ist und nur dazu dient, unser eigenes Unglück und das der uns Umgebenden zu vergrößern. Ja zu sagen, kann uns mit Energie aufladen, da der gewohnheitsmäßige Widerspruch ein andauernder Energieverlust ist.

> **SCHLUSSWORTE:** Kultivieren Sie eine innere Haltung des „Ja" zum Leben und zu allem, was Ihnen das Leben bringt. Das spart eine Menge an Energie.

14

Die Fußsohlen

DIE ÜBUNG: Richten Sie Ihre Aufmerksamkeit im Laufe des Tages so oft wie möglich auf Ihre Fußsohlen. Werden Sie sich der Empfindungen in Ihren Fußsohlen bewusst, etwa des Drucks des Fußbodens oder der Erde unter Ihren Füßen. Spüren Sie, ob Ihre Füße warm oder kalt sind. Diese Übung ist besonders wichtig, wenn Sie bemerken, dass Sie ängstlich oder aufgeregt werden.

Gedächtnisstützen

Die klassische Methode der Erinnerung an diese Übung besteht darin, sich einen kleinen Stein in den Schuh zu legen. Eine weniger schmerzhafte – wenn auch wahrscheinlich weniger wirksame – Methode besteht darin, kleine Zettel, auf denen „Füße" steht, vielleicht auch aus Papier ausgeschnittene Umrisse Ihrer Fußsohlen an Stellen zu legen, an denen Sie sie sehen werden. Sie können auch Ihr Handy oder einen anderen Timer so einstellen, dass er im Verlauf des Tages in bestimmten Abständen klingelt, und Ihre Aufmerksamkeit dann, wenn Sie den Ton hören, auf Ihre Fußsohlen richten.

Entdeckungen

Durch diese Achtsamkeitsübung bemerken die Leute, dass sie gewöhnlich gehen, ohne besonders auf ihre Füße zu achten, solange ihnen die Füße nicht wehtun oder sie stolpern. Ist jemand in seine Gedanken verstrickt, so hilft es ihm, seinen Geist zu beruhigen, wenn er seine Aufmerksamkeit vom

Kopf in die Füße verlagert. Dazu kommt es wahrscheinlich, weil unsere Fußsohlen so weit wie möglich von unserem Kopf entfernt sind, in dem wir unser „Ich" zumeist lokalisiert glauben. Wir identifizieren uns sehr stark mit unseren Gedanken und schreiben unserem Geist/Gehirn einen überlegenen Status zu. Viele von uns betrachten den Körper unbewusst als einen bloßen Diener des Gehirns – der Körper ist mit Füßen ausgestattet, damit diese den alles beherrschenden Verstand herumtragen können, und er hat Hände, damit er sich das anzueignen vermag, was der Geist zu brauchen glaubt, etwa ein Stück Kuchen.

In unserem Kloster beginnen wir die Mahlzeiten oft damit, dass wir in Stille sitzen und unsere Aufmerksamkeit auf unsere Fußsohlen lenken. Das hilft uns, Achtsamkeit in unser Essen zu bringen. Wir haben auch herausgefunden, dass unser Gleichgewichtssinn besser wird und wir sicherer auf den Füßen sind, wenn wir uns unserer Fußsohlen bewusst sind.

In den Kampfkünsten und im Yoga wird eine Bewusstheit der Füße betont, eine mentale Ausweitung der Empfindung einer Verbindung mit unseren Wurzeln tief in der Erde. Dies führt sowohl zu körperlicher Stabilität als auch zu geistigem Gleichmut. Wenn wir ängstlich sind, wird unser Geist aktiv wie ein Hamster in seinem Laufrad; er rennt vor sich hin und versucht herauszufinden, wie er dem mentalen oder körperlichen Unwohlsein entgehen kann. Wenn sie diese Übung praktizieren, entdecken die Leute oft, dass der Fluss der sich ständig verändernden körperlichen Empfindungen ihren Geist vollkommen ausfüllt und dass es keinen Platz mehr für Gedanken gibt, wenn sie all der winzigen Empfindungen in ihren Fußsohlen gewahr werden. Sie fühlen sich weniger kopflastig, besser verankert, sodass sie nicht so leicht von Gedanken und Emotionen herumgestoßen werden. Die Aufmerksamkeit in die Fußsohlen absinken zu lassen, klärt den Geist und löst die Wolken der Ängstlichkeit auf.

Vertiefung

Unser Geist liebt es, zu denken. Er glaubt, er würde seiner Aufgabe, uns zu lenken und zu beschützen, nicht gerecht, wenn er *nicht* denkt. Doch wenn unser Geist überaktiv wird, geschieht das genaue Gegenteil. Seine Leitlinien werden scharf, vielleicht sogar grausam, und seine ständigen Warnungen machen uns ängstlich. Wie können wir dem denkenden Geist seine angemessene Stellung und Perspektive zuweisen? Wir gehen im Geist vom Denken zum Gewahrsein über und beginnen mit einem vollen Gewahrsein des Körpers.

Ein wesentlicher Aspekt der Zen-Übung ist die Gehmeditation, die Kinhin genannt wird. Wir praktizieren sie ohne Schuhe, sodass die Empfindungen in den Fußsohlen besonders stark sind. Gehmeditation hilft uns, den stillen Körper-Geist der Sitzmeditation in unsere gewöhnliche aktive Welt einzubringen. Stilles Gehen ist eine Brücke zwischen einer Seite der Meditation – dem stillen Sitzen in reinem Gewahrsein – und dem

Sprechen und Herumgehen. Es ist nicht so leicht, den Geist stillzuhalten, während wir gehen. Jede Bewegung des Körpers scheint eine Bewegung des Geistes mit sich zu bringen.

Doch wir können uns selbst herausfordern. Kann ich meinen Geist beim Gehen für ein oder zwei Runden im Meditationsraum still und auf die Fußsohlen ausgerichtet halten? Oder für die ganze Länge eines Spazierpfades im Freien? Oder von hier bis zur nächsten Ecke?

> **Schlussworte:** Übt man sorgfältig, die Aufmerksamkeit in die Fußsohlen zu verlagern, so führt das zu geistiger Stabilität und emotionaler Gelassenheit.

15

Ein Bissen nach dem anderen

DIE ÜBUNG: Dies ist eine Achtsamkeitsübung, die Sie beim Essen praktizieren. Nachdem Sie einen Bissen genommen haben, legen Sie den Löffel oder die Gabel zurück auf den Teller. Richten Sie Ihre Aufmerksamkeit in den Mund, bis Sie diesen einen Bissen genossen und heruntergeschluckt haben. Nehmen Sie das Besteck erst dann wieder auf und nehmen Sie einen weiteren Bissen. Wenn Sie mit den Händen essen, dann legen Sie das Butterbrot, den Apfel oder den Keks zwischen den einzelnen Bissen wieder ab.

Gedächtnisstützen

Befestigen Sie an Ihren Essplätzen Notizzettel mit den Worten „Ein Bissen nach dem anderen" oder das Bild eines Löffels oder einer Gabel mit dem Wort „Ablegen".

Entdeckungen

Dies ist eine der herausforderndsten Achtsamkeitsübungen, die wir in unserem Kloster praktizieren. Bei dem Versuch, diese Übung auszuführen, entdecken die meisten Menschen, dass sie es gewohnt sind, einen Bissen ihres Essens mit weiteren Bissen zu „überlagern". Das heißt, sie nehmen einen Bissen in den Mund, lenken ihre Aufmerksamkeit dann vom Mund ab, während sie weiteres Essen auf den Löffel oder die Gabel schaufeln, um dann einen weiteren Bissen zum Mund zu führen, bevor sie den ersten Bissen heruntergeschluckt haben. Oft schwebt auch eine Hand, die einen weiteren Bissen zum Mund führt, in der Luft, während der vorige Bissen gekaut wird. Sie bemerken, dass die Hand gleich wieder die Kontrolle übernimmt und weitere Bissen zu dem erst teilweise gekauten Bissen hinzufügt, sobald ihr Geist abschweift. Es ist erstaunlich, wie schwierig es sein kann, eine solch einfache Übung auszuführen. Es braucht Zeit, Geduld, Ausdauer und Sinn für Humor, um alte Gewohnheiten zu verändern.

Die Verdauung von Essen kann bereits im Mund beginnen, wenn wir unser Essen gut kauen und es mit Speichel vermischen, der Verdauungsenzyme enthält. Je früher die Verdauung beginnt, desto früher werden Sättigungssignale an das Gehirn ausgesandt und desto früher fühlen wir uns satt. Je früher wir uns satt fühlen, desto besser können wir die Menge der Nahrung regulieren, die wir uns auf den Teller tun und die wir dann aufnehmen.

Zwischen den Bissen das Besteck abzulegen, gehörte einmal zu guten Umgangsformen. Es wirkt der Neigung entgegen, das Essen herunterzuschlingen. Eine Person rief nach dem Praktizieren dieser Übung aus: „Mir ist klar geworden, dass ich mein Essen nie richtig kaue. Ich schlucke es fast unzerkaut herunter, weil ich es so eilig habe, den nächsten Bissen einzufahren!" Sie musste sich fragen: „Warum habe ich es so eilig, eine Mahlzeit zu beenden, obwohl ich das Essen doch so liebe?"

Vertiefung

Dies ist tatsächlich eine Übung, die uns unsere Ungeduld bewusst macht. Schnell zu essen und einen Bissen mit dem nächsten zu überlagern, ist ein spezieller Fall von Ungeduld. Das Praktizieren dieser Übung kann dazu führen, dass Sie das Auftauchen von Ungeduld auch in anderen Bereichen und Aspekten Ihres Lebens erkennen. Werden Sie ungeduldig, wenn Sie warten müssen? Wir müssen uns selbst fragen: „Warum eile ich so durch mein Leben, obwohl ich es doch eigentlich gern genießen würde?"

Einen Bissen oder einen Schluck nach dem anderen zu erfahren, ist eine Weise, einen Moment nach dem anderen zu erfahren. Da wir wenigstens dreimal am Tag essen oder trinken, gibt uns dieses Achtsamkeitswerkzeug viele Gelegenheiten, Achtsamkeit in unseren Alltag einzubringen. Das Essen ist an sich etwas Genussvolles, doch wenn wir schnell und ohne Achtsamkeit essen, dann erfahren wir diesen Genuss nicht. Die Forschung hat gezeigt, dass die Menschen ihr Lieblingsessen paradoxerweise schneller essen als etwas, das sie nicht mögen! Zwangsesser berichten auch, dass sie immer weiteressen, weil sie die Lust des ersten Bissens erneut erleben wollen. Da die Geschmacksrezeptoren jedoch schnell ermüden, kann das niemals funktionieren.

Ist unser Geist abwesend und denkt über die Vergangenheit oder Zukunft nach, dann schmecken wir unser Essen nur halb. Wenn unsere Aufmerksamkeit im Mund bleibt und wir während des Essens völlig präsent sind, wenn wir langsam essen und zwischen den einzelnen Bissen eine Pause machen, dann kann jeder Bissen so sein wie der erste, reich an Geschmack und voller interessanter Empfindungen.

Sucht man Lust ohne Achtsamkeit, so ist das, als liefe man in einer Tretmühle. Achtsamkeit macht es möglich, dass Lust in tausend kleinen Momenten unseres Lebens aufblüht.

> **SCHLUSSWORTE:** Im Mund kann kein Fest stattfinden, wenn der Geist nicht dazu eingeladen ist.

16

Das Leiden studieren

DIE ÜBUNG: Achten Sie im Laufe des Tages auf das Phänomen des Leidens. Wie erkennen Sie es in sich selbst und in anderen? Wo ist es am offensichtlichsten? Was sind seine milderen, was seine intensiveren Formen?

Gedächtnisstützen

Befestigen Sie an geeigneten Stellen Notizzettel, auf denen „Studiere das Leiden" steht, oder Fotos von unglücklichen Menschen.

Entdeckungen

Das Leiden ist überall. Wir sehen es in den ängstlichen Gesichtern der Menschen, hören es in ihrer Stimme oder sehen es in den Nachrichten. Wenn wir das Leiden studieren, dann können wir es in unseren eigenen Gedanken hören, es in unserem eigenen Körper fühlen, es in dem Gesicht im Spiegel sehen. Die Menschen beginnen diese Übung oft mit dem Gedanken an das Leiden in seinen extremen und offensichtlichen Formen, etwa beim Tod eines geliebten Menschen oder bei Kindern, die zu Kriegsopfern geworden sind. Wenn im Laufe der Übung die Bewusstheit zunimmt, entdecken sie, dass es ein Spektrum des Leidens gibt, von leichter Irritation und Ungeduld bis hin zu Wut oder überwältigendem Kummer.

Wir begegnen nicht nur dem Leiden anderer Menschen, sondern auch dem von Tieren. Wir sehen das Leiden geliebter Menschen, aber auch das Leiden von Fremden auf der Straße. Das Leiden ergießt sich durch das Radio, das Fernsehen und das Internet in unser Herz und unseren Geist.

Es gibt einen Unterschied zwischen Schmerz und Leiden. Schmerz ist die unangenehme körperliche Empfindung, die alle menschlichen Körper, ja in der Tat alle fühlenden Wesen erfahren. Leiden ist das mentale und emotionale Unglück, das zu diesen körperlichen Empfindungen hinzugefügt wird. Der Buddha studierte das Leiden viele Jahre lang ausführlich, und er entdeckte, dass körperlicher Schmerz unvermeidbar ist, dass das vom Geist hinzugefügte Leiden jedoch nicht sein muss. Allerdings muss es nur dann nicht sein, wenn Sie die geeigneten Werkzeuge besitzen, um mit dem Geist zu arbeiten, und wenn Sie diese sorgfältig anwenden.

Wenn wir zum Beispiel Kopfschmerzen haben, können wir denken: „Nun gut, ich habe ein vorübergehendes Unwohlsein in diesem Körperteil." Oder wir können denken:

„Dies ist schon das zweite Mal in dieser Woche, dass ich Kopfschmerzen habe." [Die Vergangenheit in die Gegenwart hineinziehen.]

„Ich bin sicher, dass es noch schlimmer wird, wie das auch vorher schon der Fall gewesen ist." [Künftige Ereignisse vorhersagen und sie vielleicht hervorrufen.]

„Ich halte das einfach nicht aus." [Tatsächlich haben Sie schon vorher solche Schmerzen ausgehalten und werden es auch künftig tun.]

„Was ist mit mir nicht in Ordnung?" [Nichts. Sie sind ein menschliches Wesen mit einem Körper.]

„Habe ich vielleicht einen Gehirntumor?" [Äußerst unwahrscheinlich, aber Sie können sich noch sehr viel schlimmere Kopfschmerzen bereiten, wenn Sie sich solche Sorgen machen.]

„Vielleicht ist es der Stress, den ich am Arbeitsplatz habe. Mein Chef ist wirklich unmöglich ..." [Nach einem Sündenbock suchen.]

Hilft geistiger Stress vielleicht, den körperlichen Schmerz zu heilen? Nein, er macht ihn nur noch schlimmer und verlängert ihn. Wir haben ein einfaches, vorübergehendes körperliches Unwohlsein genommen und es zu einem Haufen Leiden gemacht.

Vertiefung
Das Leiden hat auch gewisse Vorteile. Würden wir niemals Leiden erfahren, dann würden wir weiter vor uns hin leben und wären nicht motiviert, uns zu wandeln. Unglücklicherweise scheint es wahr zu sein, dass wir dann die größte Motivation zu einer Veränderung haben, wenn wir am unglücklichsten sind.

Wenn wir den Geist daran hindern, Amok zu laufen, zu spekulieren, sich Katastrophen auszumalen und nach einem Sündenbock zu suchen, den wir für unser Unglück verantwortlich machen können, dann erfahren wir einfach die körperlichen Aspekte dessen, was wir „Schmerz" nennen. Wenn wir diesen Schmerz einfach erfahren, ja genau untersuchen und all seine Eigenschaften unterscheiden, dann muss er nichts „Unerträgliches" sein, sondern kann zu etwas sehr Interessantem werden. Welche Größe hat der Kern des Schmerzes? Wo ist er genau anzusiedeln – ober- oder unterhalb der Schädeldecke? Wie ist seine Beschaffenheit – schneidend, dumpf, stechend oder gleichmäßig? Wenn er eine Farbe hätte, welche wäre es dann? Ist er durchgehend oder mit Unterbrechungen? Wenn sie aufhören, sich gegen den Schmerz zu wehren, und ihn auf diese Weise untersuchen, dann berichten die Leute oft von interessanten Entdeckungen. Durch Widerstand setzt sich der Schmerz nur fest. Wenn wir zu dem einfachen körperlichen Unwohlsein nicht noch mentalen und emotionalen Stress hinzufügen, dann steht es dem Schmerz frei, sich zu verändern und sogar aufzulösen.

Das Leiden lässt auch Mitgefühl in unserem Herzen entstehen. Als mein erstes Kind geboren wurde, wurde damit auch ein neues Bewusstsein der Zerbrechlichkeit des Lebens geboren und ich weinte für all die unbekannten Frauen auf der Welt, die ein Kind verloren haben. Wenn wir Schmerz oder Unwohlsein erfahren, ist dies genau die richtige Zeit, um die Ausrichtung unserer Aufmerksamkeit von innen nach außen zu verlagern und die Übung der liebenden Güte für all jene Menschen zu praktizieren, die auf dieselbe Weise leiden, wie wir das eben jetzt tun. Wenn wir zum Beispiel an Grippe erkrankt sind, könnten wir sagen: „Möge es all jenen Menschen, die heute krank im Bett liegen, einschließlich meiner selbst, gut ergehen. Mögen wir alle ausruhen und uns schnell wieder erholen."

So, wie uns das Kranksein hilft, die Gesundheit wertzuschätzen, werden wir uns dann, wenn wir uns der vielen Arten des Leidens bewusst werden, ebenfalls seines Gegenteils bewusst, der vielen einfachen Quellen des Glücks – der vollkommenen Wimpern eines Babys, des Geruchs der ersten Regentropfen auf einer staubigen Straße, der schrägen Sonnenstrahlen, die durch die Vorhänge eines stillen Zimmers dringen.

> **SCHLUSSWORTE:** Das Leiden gibt uns die Motivation, uns zu wandeln. Ob diese Veränderung positiv oder negativ ist, liegt an uns. Das Leiden gibt uns auch das Geschenk der Einfühlung in all jene, die ebenso leiden, wie wir es tun.

17

Gerüche bemerken

DIE ÜBUNG: Werden Sie sich während dieser Woche so oft wie möglich der Sie umgebenden Gerüche und Düfte bewusst. Das ist vielleicht am leichtesten, während Sie essen oder trinken, aber versuchen Sie es auch zu anderen Zeiten. Erschnüffeln Sie mehrmals am Tag die Luft, wie ein Hund es tut. Wenn es in Ihrer Umgebung nicht viele Gerüche gibt, dann lassen sich einige selbst erzeugen, die Sie dann entdecken können. Sie könnten sich einen Tropfen Vanillearoma auf das Handgelenk träufeln, Sie könnten in dem Wasser auf Ihrem Ofen einige Gewürze kochen wie etwa Zimt oder Nelken. Sie könnten auch einige parfümierte Kerzen anzünden oder an Duftöl schnuppern.

Gedächtnisstützen

Befestigen Sie Zettel mit dem Wort „Geruch" oder dem Bild einer Nase an strategisch günstigen Stellen.

Entdeckungen

Die Zellen im Inneren unserer Nase, die auf Gerüche reagieren, sind nur zwei Synapsen von den Verarbeitungszentren für Emotionen und Erinnerungen in unserem Gehirn entfernt. Deshalb können Gerüche starke konditionierte Reaktionen wie Begehren und Abneigung hervorrufen. Zu diesen unbewussten Reaktionen kann es selbst dann kommen, wenn wir uns der Wahrnehmung eines Geruchs gar nicht bewusst sind. Wir würdigen unseren Geruchssinn im Allgemeinen nicht, bis wir ihn verlieren, wenn wir zum Beispiel eine Erkältung haben. Menschen, die ihren Geruchssinn dauerhaft verlieren, können depressiv werden, weil sie auch ihre frühere Freude am Essen verlieren. Viele haben zudem Angst, dass sie den Rauch eines Brandes oder ihren eigenen Körpergeruch nicht bemerken werden oder dass sie verdorbene Nahrungsmittel essen könnten.

Wenn Menschen die Achtsamkeit auf Gerüche üben, entdecken sie, dass es in ihrer Umgebung viele Gerüche gibt, einige davon offenkundig (Kaffee, Zimtschnecken, Benzin, Ziegen) und viele andere, die feiner sind (die frische Luft, wenn wir nach draußen gehen, Seife oder Rasierschaum auf unserem eigenen Gesicht, frische Betttücher). Sie entdecken auch, dass ein Geruch ein Gefühl, ein Begehren oder eine Abneigung hervorrufen kann.

Die reichhaltige Erfahrung dessen, was wir Geschmack nennen, ist weitgehend von unserem Geruchssinn abhängig. Unsere Zunge ist nur in der Lage, einige wenige Empfindungen zu registrieren – salzig, süß, sauer, bitter und *umami* (würzig, wie etwa bei Fleisch oder Sojasoße) –, aber wir können viele Tausende von Gerüchen unterscheiden und von manchen Substanzen bereits ein einzelnes Molekül wahrnehmen. Die Forschung hat gezeigt, dass Frauen eine empfindlichere Nase haben als Männer. Frauen tragen Parfüm, um Männer anzuziehen, aber das ist vielleicht vergebliche Liebesmühe. Die Gerüche, die Männer besonders mögen, sind der Geruch von backendem Brot, Vanille oder bratendem Fleisch.

In Wirklichkeit gibt es keine „guten" oder „schlechten" Gerüche. Wir gewöhnen uns an die üblichen Gerüche in unserer Umgebung. Als ich in Afrika lebte, hatten die Menschen um mich herum einen starken, mit dem Geruch von Holzrauch vermischten Schweißgeruch. Das war zweifellos ein wohltuender Geruch für ein Kind, das seit seiner Geburt von diesem Geruch umgeben gewesen war. Ich habe für die Menschen dort wahrscheinlich komisch gerochen und sie konnten mich sogar im Dunkeln erkennen. Als der Osten und der Westen zum ersten Mal aufeinandertrafen, mochten die Japaner, die täglich badeten, den Geruch der Europäer nicht, die Milchprodukte aßen und nicht sehr oft badeten. Sie nannten ihre Besucher „Buttergestank". Wir sind uns des Geruchs unseres eigenen Körpers nicht sehr bewusst. Andere Menschen sagen uns vielleicht zu unserer Überraschung, dass wir unter die Dusche gehen sollten oder dass wir einen wunderbaren Geruch haben. So, wie wir den Geruch unseres eigenen Körpers nicht wahrnehmen, sind wir uns auch des „Geruchs" unserer eigenen Persönlichkeit nicht bewusst. Wie wirkt dieser auf andere?

Vertiefung

Ein großer Teil unseres Verhaltens wird von unbewusster Konditionierung gelenkt. Wir treffen einen Menschen, der so aussieht, sich so kleidet, so spricht oder vielleicht sogar so riecht wie jemand, der uns in unserer Kindheit verletzt hat, und wir verspüren eine sofortige, unerklärliche Abneigung gegen diesen unschuldigen Menschen. Sie hat nichts mit ihm selbst zu tun. Es handelt sich bloß um ein elektrisches Phänomen, um Sinneseindrücke, die unsere Neuronen feuern lassen und die die Speicherzentren für Erinnerungen und für Gefühle in unserem Gehirn miteinander verbinden. Es ist nicht leicht, diese Gewohnheitsmuster zu verändern. Zuerst einmal müssen wir das Licht der Bewusstheit auf die Körperempfindungen, Gedanken und Gefühle werfen, sobald diese auftauchen. Wir müssen sorgfältig die Verbindung zwischen einer Empfindung und einer Gefühlsfärbung beobachten, weil diese der Kristallisationspunkt ist, aus dem eine Kettenreaktion entsteht, die schließlich zu Gedanken, Emotionen, verbalem Ausdruck und Verhalten führt (oder zu dem, was Buddhisten Karma nennen).

Die Kaskade von *Empfindung –> Gefühl(sfärbung) –> Wahrnehmung –>* Handeln läuft dermaßen schnell ab, dass es schwierig ist, die einzelnen Schritte wahrzunehmen. Doch wenn Geruch im Spiel ist, kann man diese Kette von Ereignissen verstehen. Nehmen wir an, Sie träten nach draußen und nähmen einen tiefen Atemzug. Sie entdecken einen Geruch und schrecken innerlich zurück. Warum? Chemische Moleküle sind auf die Innenseite Ihrer Nase getroffen, Sie haben etwas gerochen und das hat eine negative Gefühlsfärbung verursacht, bevor Ihr Geist noch wusste, was es war. Dann versucht Ihr Geist es zu identifizieren – „Ach ja, Hundekot!". Dies ist Wahrnehmung, worauf dann willentliches Handeln folgt. Sie sagen vielleicht: „Welcher Idiot hat seinen Hund in meinen Vorgarten machen lassen?!" Oder Sie gehen einfach hinein, holen eine Plastiktüte und räumen den Haufen weg.

Gerüche können eine starke Auswirkung auf unseren geistig-emotionalen Zustand und unser Verhalten haben. Gerüche können Erinnerungen und alte Reaktionen hervorrufen. So kann zum Beispiel der Geruch eines bestimmten Rasierwassers, das Ihr Vater benutzt hat, Sie entweder glücklich und liebevoll machen oder gereizt und distanziert – je nachdem, wie Sie mit Ihrem Vater ausgekommen sind. Psychologen benutzen manchmal abstoßende Gerüche, um destruktive Impulse und Verhaltensweisen, wie zum Beispiel die Sucht nach Pornografie, zu entkonditionieren.

Positive Konditionierung auf einen Geruch kann hilfreich sein. Ein Grund für das Abbrennen von Räucherwerk in Meditationshallen ist, dass im Laufe der Zeit eine Verbindung zwischen dem Duft des Räucherwerks und einem ruhigen, konzentrierten Bewusstseinszustand hergestellt wird. Bereits beim Betreten der duftenden Halle beruhigt sich der Geist automatisch. Der Geruchssinn der Mönche wird während langer Stunden der Meditation dermaßen sensibel, dass sie am Geruch des Räucherstäbchens bereits erkennen, dass die Meditationsperiode gleich vorüber ist. Der Geruch verändert sich nämlich, wenn die Glut die Asche erreicht, in der das Stäbchen in dem Räuchergefäß steckt.

Wir können sehr empfindsam für Gerüche sein, wenn unser Geist ruhig ist und die anderen Sinne nur minimalen Input liefern. Eines Nachts saß ich in einem Tempel in Japan im Freien in der tiefen Dunkelheit des riesigen Bambuswaldes, der zu dem Kloster gehörte. Es war der siebte Tag einer Klausur mit stiller Meditation. Nachdem es während eines Taifuns zwei Tage lang geregnet hatte, war die Luft reingewaschen. Mein Geist war vollkommen still und mein Gewahrsein weit geöffnet. In der Stille konnte ich ein einzelnes Bambusblatt sanft hinabfallen hören. Allmählich wurde ich mir eines feinen würzigen Geruchs bewusst. Er kam von dem Bambus. Es ist mir seither nie wieder gelungen, ihn zu riechen. Ich werde mich immer an diesen köstlichen Duft erinnern, und diese Erinnerung ruft den sublimen Frieden jener Nacht in mir wach.

SCHLUSSWORTE: Es ist eine zutiefst freudvolle Meditation, der Gerüche völlig gewahr zu sein und mitzuverfolgen, wie sie sich bei jedem Ein- und Ausatmen verändern.

18

Diese Person könnte heute Nacht sterben

Die Übung: Mehrfach am Tag, wenn Sie gerade von Angesicht zu Angesicht oder am Telefon mit einer Person sprechen, erinnern Sie sich: „Diese Person könnte heute Nacht sterben. Dies könnte das letzte Mal sei, dass ich mit diesem Menschen spreche." Achten Sie darauf, in welcher Weise Sie nun anders zuhören, reden oder interagieren.

Gedächtnisstützen

Kleben Sie an Ihren Badezimmerspiegel direkt ober- oder unterhalb der Stelle, wo Sie Ihren Kopf sehen, eine Notiz mit den Worten: „Diese Person könnte heute Nacht sterben." Bringen Sie ähnliche Notizen neben Ihrem Telefon oder an Ihrem Arbeitsplatz an – an Stellen, an denen Sie sie wahrscheinlich sehen, wenn Sie mit anderen interagieren.

Entdeckungen

Manche Menschen finden diese Übung zuerst ein wenig deprimierend, aber sie entdecken bald, dass sie auf andere Weise zuhören und aufmerksam sind, wenn sie sich ihrer eigenen Sterblichkeit und der Sterblichkeit der anderen Person bewusst werden. Angesichts der Wahrheit, dass dies das letzte Mal sein könnte, dass sie die andere Person lebendig sehen, öffnet sich ihr Herz. Wenn wir mit anderen Menschen sprechen, insbesondere solchen Menschen, die wir jeden Tag sehen, lassen wir uns leicht ablenken und hören nur mit halbem Ohr zu. Wir sehen oft an ihnen vorbei oder betrachten etwas anderes, statt die Person direkt anzusehen. Vielleicht sind wir auch sauer, weil sie uns unterbrochen haben. Es braucht die Erkenntnis, dass sie sterben könnten, damit wir sie auf neue Weise ansehen.

Diese Übung wird dann besonders eindringlich, wenn die Person, mit der Sie sprechen, alt oder krank ist, oder wenn der Tod Ihnen kürzlich einen Bekannten oder einen geliebten Menschen genommen hat. Wenn die Japaner jemandem Auf Wiedersehen sagen, bleiben sie respektvoll stehen, sehen der Person hinterher und winken, bis das Auto oder der Zug außer Sichtweite ist. Dieser Brauch hat seinen Ursprung in dem Bewusstsein, dass dies das letzte Mal sein könnte, dass man sich begegnet ist. Wie traurig wären wir, wenn unsere letzte Begegnung mit unserem Kind, unserem Partner oder unseren Eltern von Ungeduld oder Zorn überschattet gewesen wäre! Welch ein Trost, wenn wir ihnen sorgsam Auf Wiedersehen gesagt hätten.

Vertiefung

Auch wenn Krankheit, Alter und Tod jedem beschieden sind, der in diese Welt geboren wird, so führen wir unser Leben doch, als träfe dies nicht für die Menschen zu, die uns wichtig sind. Diese Übung hilft uns, die Leugnung der Tatsache zu durchbrechen, dass das Leben sehr zerbrechlich ist und der Tod in jedem Augenblick eintreten könnte. Alles, was es braucht, ist eine leichte Veränderung des Kaliumspiegels in unserem Blut, ein bösartiges Bakterium, ein entgegenkommender Fahrer, der einschläft, oder ein seltsames elektrisches Muster in unserem Herzen. Gelegentlich hebt sich der Schleier der Leugnung und wir sehen die Wahrheit der Zerbrechlichkeit des menschlichen Lebens, etwa wenn bei einem Mitarbeiter oder einem Familienmitglied eine tödliche Krankheit diagnostiziert wird oder wenn jemand, der in unserem Alter ist oder jünger als wir, unerwartet stirbt.

Natürlich wollen wir unseren Geist nicht unablässig mit ängstlichen Gedanken über die Sterblichkeit füllen, aber wenn wir uns der Vergänglichkeit bewusst sind, so kann uns das helfen, die Menschen, denen wir im Alltag begegnen, wertzuschätzen. Teilt sich der Schleier und erfahren wir die Wahrheit, dass jedes Menschenleben kurz ist, dann ändern sich unsere Gespräche. Statt alle möglichen anderen Gedanken im Kopf zu haben, wenn wir mit jemandem sprechen, bringen wir mehr Gegenwärtigkeit in jede Begegnung ein. Diese stete Aufmerksamkeit ist etwas Ungewöhnliches in der Welt der gewöhnlichen Menschenwesen.

Wir schlafen jede Nacht in dem tiefen Vertrauen ein, dass wir wieder aufwachen werden. Wenn uns klar wird, dass auch wir heute Nacht sterben könnten, dann können wir präsenter und in jedem Augenblick unseres Lebens lebendiger werden.

In unserem Zen-Kloster haben wir einen Gesang, der während einer Klausur der stillen Meditation am Ende eines jeden Tages gesungen wird. Vielleicht rezitieren Sie ihn in dieser Woche jeden Abend, bevor Sie zu Bett gehen:

> *Darf ich dich respektvoll daran erinnern,*
> *Dass Leben und Tod höchst bedeutsam sind.*
> *Die Zeit vergeht schnell und die Gelegenheit ist vertan.*
> *Wenn dieser Tag vergangen ist, wird unsere Lebenszeit um einen Tag kürzer sein.*
> *Jeder von uns sollte sich darum bemühen, zu erwachen.*
> *Wach auf!*
> *Sei aufmerksam!*
> *Verschwende dein Leben nicht!*

SCHLUSSWORTE: Sich des Todes bewusst zu werden, öffnet unsere Bewusstheit für diesen einzigartigen, lebendigen Augenblick des Lebens.

19

Hitze und Kälte

> **DIE ÜBUNG:** Achten Sie in dieser Woche auf die Empfindungen von Hitze und Kälte. Bemerken Sie jede körperliche oder emotionale Reaktion auf die Temperatur oder auf Temperaturveränderungen. Üben Sie, gelassen zu sein, ganz gleich, welche Temperatur herrscht.

Gedächtnisstützen

Sie können kleine Schilder mit dem Bild eines Thermometers oder mit den Worten „Hitze und Kälte" aufhängen.

Entdeckungen

Wenn wir diese Übung praktizieren, fällt uns unsere Abneigung gegen Temperaturen außerhalb eines sehr engen Bereiches auf. Bei jedem ist dieser Bereich ein anderer. Wir beschweren uns: „Es ist zu heiß!" oder „Es ist zu kalt!", als sollte es eigentlich nicht so sein – die Sonne, die Wolken und die Luft haben sich verschworen, um uns das Leben zu erschweren. Wir tun stets irgendetwas, um die Temperatur anzupassen, wir stellen die Heizung und die Klimaanlage an und aus, öffnen und schließen Fenster und Türen, ziehen Kleidungsstücke an und wieder aus. Wir sind nie für längere Zeit zufrieden. Wenn die Temperatur über 30 °C steigt, sehnen wir uns nach kühlerem Wetter; während der kalten, regnerischen Wintertage sehnen wir uns nach Sonne.

Ich erinnere mich noch an die Sommer meiner Kindheit in Missouri. Die Plastiksitzbezüge in unserem Auto verbrannten unsere Beine, wenn wir uns in den Wagen setzten, und wenn wir ausgestiegen, saßen wir in einer Pfütze von Schweiß. Wir spielten draußen und waren so verschwitzt, dass wir klebten, aber wir beklagten uns nie. Die Dinge waren nun einmal so. Wenn Eltern mit kleineren Kindern Strandurlaub machen, bemerken sie oft, dass die Kinder ins Wasser gehen und einen Riesenspaß haben – ganz gleich, welche Temperatur das Wasser hat. Was passiert da, wenn wir älter werden, das uns die Dinge nicht mehr so ertragen lässt, wie sie sind?

Als wir einmal im August in Japan auf Pilgerschaft gingen, fühlte es sich an, als beträten wir eine Sauna, sobald wir den Fuß vor die Tür setzten. Innerhalb weniger Minuten war unsere Kleidung von Schweiß durchnässt. Nach wenigen Stunden war unsere Haut salzverkrustet und wir hatten weiße Ringe auf der Kleidung. Es war ziemlich schwer, unserem Unbehagen nicht Luft zu machen. Aber wir bemerkten, dass die Japaner, von Kleinkindern bis zu alten Menschen, scheinbar unbeeindruckt ihren Beschäftigungen nachgingen. Das inspirierte uns, den jammernden Geist loszulassen und einfach für die Dinge, so wie sie waren, präsent zu sein und Empfindungen einfach als Empfindungen wahrzunehmen – die feuchten und trockenen Stellen, die Hitze im Freien und die kühlen Innenräume, das Kitzeln der an uns herablaufenden Schweißtropfen. Das uns von unserem Geist zugefügte Leiden verschwand und wir wurden sehr viel glücklichere Pilger.

Während einer Klausur suchte mich eine Frau auf und sagte, dass sie sich trotz mehrerer Lagen Kleidung und einer heißen Wärmflasche die ganze Zeit kalt fühle. Sie erkannte auch, dass sie sich davor fürchtete, Kälte zu empfinden. Sie wusste, dass diese Furcht irrational war, und sie hatte nach ihrer Quelle gesucht. Dann erinnerte sie sich an einen Zwischenfall vor 20 Jahren, als sie einen Herzanfall gehabt und sich sehr kalt gefühlt hatte.

Ich forderte sie auf, auf alle Bereiche ihres Körpers zu achten und mir zu sagen, welcher Prozentsatz ihres Körpers sich *nicht* kalt fühlte. Nach wenigen Minuten berichtete sie überrascht, dass sich mehr als 90 Prozent ihres Körpers warm oder sogar heiß anfühlten. Ihr wurde klar, dass jene 10 Prozent ihres Körpers, die kalt waren, 100 Prozent der Furcht hervorriefen. Später sagte sie mir, ihr sei eine Last vom Herzen gefallen, eine Furcht, die sie schon seit Jahrzehnten belastet hatte, und dass sie nun leichter unterschiedliche Temperaturen aushalten könne.

Ich beobachtete einmal, wie jemand, der in mein Auto einstieg, sofort nach dem Hebel griff und die Klimaanlage anstellte, bevor ich überhaupt angefahren war. Das ist so, als salzten wir unser Essen, noch bevor wir es geschmeckt haben. Wir reagieren automatisch und versuchen, uns gegen jegliches Unbehagen abzuschirmen, noch bevor es eingetreten ist. Dann verlieren wir die Freude an möglichen Entdeckungen sowie die Freiheit, herauszufinden, dass wir ein viel breiteres Spektrum von Erfahrungen als gedacht erforschen und damit glücklich sein können.

Vertiefung

Eine sehr wichtige Methode, mit Unbehagen zu arbeiten, besteht darin, aufzuhören, es zu vermeiden. Sie gehen mitten in das Unbehagen hinein und fühlen aus dem Inneren Ihres Körpers, was wirklich ist. Sie erforschen das Unbehagen, seine Größe, Form, Oberflächenbeschaffenheit und sogar seine Farbe oder seinen Klang. Ist es durchgehend oder periodisch? Wenn Sie auf diese Weise aufmerksam sind und Ihre meditative Versenkung tief ist, dann beginnt das, was wir Unbehagen oder Schmerzen nennen, sich zu verändern und sogar zu verschwinden. Es wird zu einer Abfolge von Empfindungen, die einfach im leeren Raum auftauchen und wieder verschwinden, die aufblitzen und vergehen. Das ist sehr interessant.

In Japan ist ein Zendo, eine Meditationshalle, im Winter nicht geheizt. Die Fenster sind offen. Es ist gerade so, als säße man im Freien, nur dass man gegen Regen oder Schnee geschützt ist – einigermaßen. Während einer den ganzen Februar dauernden Klausur zog ich jedes Kleidungsstück an, das ich in meinem Koffer hatte, so viele Lagen, dass ich kaum noch meine Knie beugen konnte, um zu sitzen. Meine Haut war so eiskalt, dass es schmerzlich war, meine Aufmerksamkeit bei meinen der Kälte ausgesetzten Händen und meinem Gesicht verweilen zu lassen. Während der traditionellen Zen-Klausuren isst man seine Mahlzeiten im Zendo. Beim Essen musste ich immer wieder hinsehen, ob die Essstäbchen noch immer zwischen meine tauben Finger geklemmt waren. Es gab keinen Ausweg aus diesem Unbehagen. Die einzige Möglichkeit, die mir offenstand, war, meine Aufmerksamkeit unerschütterlich tief in meinem Bauch, im Hara, dem Körperzentrum, zu verankern. Dies war eine sehr kraftvolle Klausur und ich verstand, warum der ehrwürdige Zen-Meister Sogaku Harada Roshi darauf bestanden hatte, dass man dieses Kloster tief im Schneeland baute.

Wir verschwenden so viel Mühe auf den Versuch, uns die äußeren Bedingungen angenehm zu machen. Es ist jedoch unmöglich, es uns die ganze Zeit bequem zu machen, weil die Natur aller Dinge Wandel ist. Dieser Versuch, die Dinge zu kontrollieren, ist der Kern unserer körperlichen Erschöpfung und unseres emotionalen Unwohlseins. Es gibt ein Zen-Koan zu diesem Thema. Einst fragte ein Mönch Meister Tozan: „Kälte und Hitze suchen uns heim. Wie können wir sie vermeiden?" Tozan antwortete: „Warum gehst du nicht an den Ort, an dem es keine Kälte oder Hitze gibt?" Der Mönch war ratlos und fragte: „Wo ist der Ort, an dem es keine Kälte oder Hitze gibt?" Tozan sagte: „Wenn es kalt ist, stirbt der Mönch vor Kälte. Wenn es warm ist, stirbt der Mönch vor Hitze."

Bei dieser Unterweisung bedeutet „sterben", die eigenen Vorstellungen davon sterben zu lassen, wie die Dinge sein sollten, damit man glücklich sein kann. Es mag sich seltsam anhören, aber man kann Achtsamkeit mit Unbehagen oder Schmerzen üben und dabei ganz glücklich sein. Dieses Glück entsteht aus der Freude, einfach präsent zu sein, und auch aus dem Zutrauen, das man dabei gewinnt –

dem Zutrauen, dass man bei fortgesetzter Praxis schließlich in der Lage sein wird, sich allem, was das Leben mit sich bringt, mithilfe von Werkzeugen wie der Achtsamkeit stellen zu können, sogar dem Schmerz.

> SCHLUSSWORTE: Wenn Ihr Geist sagt „zu heiß" oder „zu kalt", glauben Sie nicht daran. Erforschen Sie die Hitze- und Kälte-Erfahrung Ihres ganzen Körpers.

20

Abneigung bemerken

DIE ÜBUNG: Werden Sie sich Ihrer Abneigungen bewusst, des Auftauchens von negativen Gefühlen gegenüber etwas oder jemandem. Dies mögen eher schwache Gefühle sein wie eine Irritation oder auch starke Gefühle wie Zorn und Hass. Versuchen Sie zu sehen, was geschehen ist, direkt bevor die Abneigung aufstieg. Zu welchen Sinneseindrücken kam es – zu einem Anblick, einem Geräusch, einer Berührung, einem Geschmack, einem Geruch oder einem Gedanken? Wann taucht im Laufe des Tages Abneigung zum ersten Mal auf?

Gedächtnisstützen

Befestigen Sie Zettel mit den Worten „Abneigung bemerken" an Orten, an denen leicht Abneigung aufsteigt – zum Beispiel an Ihrem Spiegel, Ihrem Fernsehgerät oder Computerbildschirm und am Armaturenbrett Ihres Autos. Sie könnten auch ein kleines Bild von jemandem verwenden, der ein grimmiges Gesicht macht.

Entdeckungen

Wenn wir diese Übung ausführen, werden wir herausfinden, dass Abneigung in unserer geistig-emotionalen Landschaft sehr viel häufiger vorkommt, als wir gedacht haben. Vielleicht steigt sie gleich zu Beginn unseres Tages auf, wenn der Wecker klingelt oder wenn wir aus dem Bett steigen und bemerken, dass unser Rücken schmerzt. Abneigung kann durch Ereignisse ausgelöst werden, von denen wir in den Morgennachrichten hören, von einer langen Schlange vor einem U-Bahn-Schalter oder einer Tankstelle oder von der Begegnung mit einem Familienmitglied, einem Kollegen oder einem Kunden.

Ich saß einmal vor unserem Haus im Auto und wartete auf meinen Ehemann. Während ich mich umsah, bemerkte ich, dass in der Nähe unseres Zauns viele lange Pusteblumen gewachsen waren, die sich bald weiter aussäen würden. Augenblicklich erhob sich der Impuls, aus dem Auto zu springen, eine Gartenschere zu ergreifen und den Löwenzahn herunterzuschneiden. Dieser Impuls war von dem Gedanken begleitet: „Ich werde euch köpfen!" Mir wurde klar, dass dies der Samen des Zorns war, der Samen aller Kriege, die auf dieser Erde geführt werden, der in mir schlummerte. Es ist nicht so, dass ich Löwenzahn hasse. Die strahlend goldenen Blüten sind ein wunderbares Objekt für die Meditation. Wenn man sie von Nahem sieht, können sie einen negativen Geisteszustand sehr schnell umwandeln. Ich beabsichtigte nicht, sie wuchern zu lassen, aber wenn ich jenen Teil des Rasens mähen werde, dann doch erst, wenn ich es frei von Abneigung tun kann. Während ich den Rasenmäher lenke, möchte ich den Löwenzahn wertschätzen und liebende Güte für alle Wesen aufbringen können, die im Gras und im Unkraut wohnen.

Vertiefung

Es kann schon ein ziemlicher Schock sein, zu entdecken, wie allgegenwärtig Abneigung an einem einzigen Tag in einem Leben sein kann, das wir doch als glücklich bezeichnen würden. Es ist jedoch sehr wichtig, uns dessen bewusst zu werden, dass Gefühle der Antipathie in unserem Alltag so häufig sind. Abneigung ist eines der drei Geistesgifte, von denen die buddhistische Tradition spricht: Gier (oder Anhaften/Festhalten), Abneigung (oder Wegstoßen) und Verblendung (oder Unwissenheit). Sie werden Gifte genannt, weil sie uns so schaden können wie ein Gift, das Unwohlsein und Schmerzen verursacht, nicht nur uns selbst, sondern auch den Menschen in unserer Umgebung.

Abneigung ist die verborgene Quelle von Zorn und Aggression. Sie entsteht aus der Vorstellung, dass wir glücklich sein könnten, wenn es uns nur gelänge, uns einer Sache oder eines Menschen zu entledigen. Was wir Menschen loswerden möchten, um glücklich zu werden, kann so trivial sein wie eine Mücke oder so groß wie eine Nation.

Kaum eine Idee ist absurder als die Vorstellung: „Wenn ich die Dinge – und die Menschen – genau so haben könnte, wie ich es mir wünsche, dann wäre ich glücklich." Diese Idee ist aus mindestens zwei Gründen absurd. Zuerst einmal: Selbst wenn wir die Macht hätten, alles in der Welt so zu arrangieren, wie es für *uns* perfekt ist, könnte diese Perfektion doch nur eine Sekunde andauern, weil all die anderen Menschen in der Welt andere Vorstellungen davon haben, wie *sie* die Dinge gern hätten, und weil sie auf die Erfüllung *ihrer* Wünsche hinarbeiten würden. Was für uns „perfekt" ist, ist längst noch nicht für alle anderen perfekt. Zweitens wäre der Versuch, der Welt Perfektion aufzuzwingen, aufgrund der Wahrheit der Vergänglichkeit zum Scheitern verurteilt – nichts dauert für immer an.

Während ich in unserem Kloster umhergehe, bemerke ich manchmal eine subtile Färbung meines Geistes. Es ist ein schwaches, aber durchgängiges Gefühl der Abneigung, das in etwas wurzelt, das ich als Teil meiner Aufgabe ansehe: Dinge zu sehen, die repariert oder geändert werden müssen. Es wurzelt in dem Bemerken von Unvollkommenheit. Wenn dieses notwendige Zur-Kenntnis-Nehmen zu einem mürrischen Geisteszustand führt, muss ich für eine Weile umschalten und die Dinge „wertschätzen, wie sie sind".

Die Übung der Achtsamkeit hilft uns, gelassen zu bleiben – ganz gleich, welche Umstände herrschen und wie sie sich verändern. Sie fordert uns auf, die Vollkommenheit in der gesamten Schöpfung zu sehen. Und sie verlangt von uns, uns unserer Abneigung bewusst zu werden und ihr mit Wertschätzung und liebender Güte entgegenzuwirken.

SCHLUSSWORTE: Einer der berühmten Aussprüche des Buddha ist: „Zorn verschwindet nicht durch Zorn, sondern allein durch Liebe." Werden Sie sich der Abneigung in Ihrem Inneren bewusst und benutzen Sie das Gegenmittel – die Übung der liebenden Güte.

21

Zuhören wie ein Schwamm

DIE ÜBUNG: Hören Sie anderen Menschen zu, als wären Sie ein Schwamm, der das aufsaugt, was die andere Person sagt. Lassen Sie den Geist still sein und nehmen Sie einfach nur auf. Formulieren Sie in Ihrem Geist keinerlei Antwort, solange keine Antwort verlangt wird oder offenkundig notwendig ist.

Gedächtnisstützen

Befestigen Sie die Worte „Zuhören wie ein Schwamm" oder das Bild eines Ohres und eines Schwamms an geeigneten Stellen.

Entdeckungen

In unserem Kloster nennen wir diese Übung „absorbierendes Hören", und wir haben herausgefunden, dass dies den meisten Menschen nicht leichtfällt. Manche Menschen, wie etwa Musiker, haben gelernt, musikalischen Klängen mit absorbierender Aufmerksamkeit zu lauschen, aber das bedeutet noch nicht, dass sie auf dieselbe Weise zuhören können, wenn eine Person zu ihnen spricht. Gute Psychotherapeuten benutzen dieses absorbierende Zuhören. Sie sind dabei hellhörig für subtile Veränderungen in der Stimmlage des Sprechenden, die auf etwas hinweisen, das tiefer liegt als die Worte, das den Worten sogar widersprechen kann – ein Stocken, unterdrückte Tränen oder verborgene Wut, die erkundet werden müssen.

Rechtsanwälte sind darauf trainiert, genau das Gegenteil zu tun, besonders wenn sie in der gespannten Atmosphäre eines Gerichtssaals arbeiten. Sie hören auf Fehler und Diskrepanzen in dem, was jemand sagt, während sie gleichzeitig in ihrem Geist eine Widerlegung formulieren. Dies mag im Gerichtssaal funktionieren, aber zu Hause ist es nicht gerade förderlich, wenn man sich so gegenüber seinem Ehepartner oder seinen Kindern verhält, insbesondere gegenüber Teenagern.

Beim Üben des absorbierenden Zuhörens bemerken vielleicht sogar Menschen, die keine Rechtsanwälte sind, die Präsenz eines inneren Anwalts – eine mentale Stimme, die sagt: „Jetzt mach doch mal hin und hör auf zu reden, sodass ich dir sagen kann, was *ich* denke" – was natürlich ein ruhiges, aufmerksames Zuhören stört.

Die Leute bemerken auch, wie oft ihr Geist sogar innerhalb einer einzigen Minute abschweift, während ein anderer Mensch spricht. Der Geist springt zu einer Einkaufsliste oder einer bevorstehenden Verabredung oder zu einem vorübergehenden Menschen, der aus den Augenwinkeln wahrgenommen wird. Absorbierendes Zuhören ist nicht einfach. Es ist eine Fertigkeit, die man mit der Zeit lernen muss.

Vertiefung

Um auf absorbierende Weise zuhören zu können, müssen wir Stille in Körper und Geist erzeugen. Dies ist Achtsamkeit in Aktion, ein Festhalten eines Kerns der Stille im Inneren in dieser sich ständig bewegenden, lautstarken Welt. Wenn Sie genau hinhören, werden Sie als Teil dieser Geräuschkulisse auch Ihre eigenen Gedanken bemerken. Sie nehmen diese vorüberziehenden Gedanken wahr wie das Geräusch eines vorbeifahrenden Autos, ohne sich davon stören zu lassen.

Wenn Sie diese Übung mit der Unterstützung einer Gruppe oder Gemeinschaft ausprobieren, so ist einer der interessantesten Aspekte, sich auf der Seite des Empfängers zu befinden – zu bemerken, wie Sie sich fühlen oder wie Sie reagieren, wenn jemand *Ihnen* auf absorbierende Weise zuhört. Die meisten Menschen fühlen Dankbarkeit für einen derart aufmerksamen Zeugen. Sie fühlen sich wertgeschätzt.

In dem Film *Darf ich bitten?* gibt es eine Szene, die mich immer sehr berührt hat. Ein Mann, dessen Ehe gescheitert ist, fragt: „Warum heiraten die Leute nur?" Sein Begleiter antwortet: „Weil wir einen Zeugen für unser Leben brauchen. Du sagst damit: ‚Dein Leben wird nicht unbemerkt vorübergehen, weil ich sein Zeuge sein werde.'"

Es gibt eine buddhistische Rezitation zum Hervorrufen von Mitgefühl, die deutlich macht, welche wichtige Rolle das Zuhören bei der Fürsorge für andere spielt. „Wir werden üben, so aufmerksam zuzuhören, dass wir fähig sind zu hören, was der andere sagt – und auch, was ungesagt bleibt. Wir wissen, dass wir durch aufmerksames Zuhören bereits sehr viel von dem Schmerz und dem Leiden eines anderen lindern können."

Therapeuten, die im absorbierenden Zuhören geschult sind, sagen, dass es an sich bereits eine Heilung auslösen kann. Es gibt Formen der Therapie, in denen der Therapeut gar nichts sagt, sondern die Weisheit der Klienten von selbst hervortreten lässt, während die Klienten sich selbst sprechen hören.

Einer meiner Schüler, der in einer Familie aufgewachsen ist, in der ihm nie jemand zugehört hatte, sagte mir, es fühle sich für ihn so an, als bekäme er „lebensspendendes Manna" geschenkt, wenn ihm jemand mit voller Aufmerksamkeit zuhöre. Manchen Menschen ist es zuerst unangenehm, wenn jemand einfach *nur* auf das hört, was sie sagen, weil so etwas einfach nicht zu ihrer bisherigen Lebenserfahrung gehört. Sie haben anfangs das Gefühl, unter die Lupe genommen zu werden wie ein biologisches Präparat.

Absorbierendes Zuhören kann Ihnen auch Gleichmut gegenüber den schwierigen Stimmen in Ihrem eigenen Geist vermitteln. Wenn Ihr innerer Kritiker so etwas Absurdes sagt, wie: „Sieh dir nur an, was du für Falten hast. Ich hasse sie! Du solltest nicht alt werden!" – dann können Sie das, was er sagt, einfach nur hören, ohne es zu glauben oder darauf zu reagieren.

> SCHLUSSWORTE: Absorbierendes Zuhören ist an sich schon therapeutisch; Sie brauchen keinen Abschluss in Psychologie, um es zu praktizieren.

22

Wertschätzung

DIE ÜBUNG: Halten Sie während des Tages mehrfach inne und identifizieren Sie bewusst, was Sie in diesem Augenblick wertschätzen können. Es könnte etwas an Ihnen selbst sein, etwas an einer anderen Person oder an Ihrer Umwelt, oder es könnte etwas sein, das Ihr Körper tut oder empfindet. Dies ist eine Erkundung. Seien Sie neugierig und fragen Sie sich: „Gibt es etwas, das ich eben jetzt wertschätzen kann?"

Gedächtnisstützen

Befestigen Sie an geeigneten Stellen das Wort „Wertschätzen".

Entdeckungen

Viele Menschen haben versucht, Affirmationen zu verwenden, um sich glücklicher zu machen oder um eine positivere Sichtweise zu gewinnen, und Sätze vor sich hin gesagt wie „Ich bin liebenswert" oder „Heute wird ein guter Tag, der mir bringt, was ich mir wünsche". Affirmationen mögen zu bestimmten Zeiten wertvoll sein, aber sie können auch einen verstörten Geisteszustand übertünchen. Diese Achtsamkeitsübung ist etwas ganz anderes.

Die Übung von Wertschätzung ist eine Erkundung. Können wir in diesem Augenblick irgendwo irgendetwas finden, das Ursache unserer Wertschätzung sein kann? Wir schauen uns um, lauschen, fühlen. Irgendetwas? Wenn wir uns nur ein wenig Zeit nehmen, mögen wir feststellen, dass da viele Dinge sind, die wir wertschätzen können –

von der Tatsache, dass wir trocken gekleidet und satt sind, bis hin zu der Begegnung mit einer freundlichen Verkäuferin oder dem Empfinden der Wärme einer Tasse Tee oder Kaffee in unserer Hand.

Eine Kategorie von Dingen, die wir wertschätzen können, ist das, was wir als positiv erfahren, etwa genug Essen im Bauch zu haben. Zu einer anderen Kategorie von Dingen gehören solche, die nicht vorhanden sind, wie etwa Krankheit oder Krieg. Wir wissen ihre Abwesenheit nicht wirklich zu schätzen, ehe wir nicht ihr Vorhandensein erlitten haben. Haben wir uns von einer schweren Grippe erholt, dann sind wir für kurze Zeit dankbar dafür, wieder gesund zu sein, dafür, dass wir nicht mehr brechen oder husten müssen; wir sind glücklich, dass wir einfach nur essen und laufen können. Wir wissen die Gesundheit nicht zu schätzen, wenn wir nicht einmal krank gewesen sind, wir schätzen Wasser nicht wirklich, ehe wir einmal Durst verspürt haben, und wir würdigen den elektrischen Strom nicht, bis er einmal ausfällt.

Diese Übung hilft uns innezuhalten, unsere Sinne zu öffnen und für das empfänglich zu werden, was eben jetzt in unserem Leben verfügbar ist.

Vertiefung

Diese Übung hilft uns, Freude zu kultivieren. Der buddhistische Terminus für Freude ist *Mudita*. Dies bedeutet mehr als nur Wertschätzung für das, was uns ein gutes Gefühl gibt. Es umfasst auch das Glück, das wir empfinden, wenn wir die Freude und das Glück anderer Menschen sehen. Diese Art von Freude ist nicht schwer zu erfahren, wenn es sich dabei um Menschen handelt, die wir lieben. Wir können zum Beispiel leicht die Freude unseres Kindes über ein neues Spielzeug teilen. Was geschieht jedoch, wenn jemand, den wir nicht mögen oder auf den wir eifersüchtig sind, etwas erhält, das wir selbst uns wünschen, etwa öffentliche Anerkennung oder eine Auszeichnung? Können wir uns an der Freude dieses Menschen freuen? Das ist nicht leicht.

Ist Ihnen jemals aufgefallen, wie schnell unser Geist sich auf Dinge konzentriert, die nicht stimmen – mit uns selbst, mit den Menschen in unserer Umgebung, mit unserer Arbeit und mit der Welt? Unser Geist ist wie ein Rechtsanwalt, der den Vertrag für „Mein Leben" liest, immer auf der Suche nach Fehlern oder Verletzungen des Vertrags. Der Geist wird magnetisch vom Negativen angezogen. Denken Sie nur an die Nachrichten. Die Aufmerksamkeit der Zuschauer oder Leser wird vor allem von Naturkatastrophen gefesselt oder Katastrophen, die vom Menschen herbeigeführt wurden, sowie von Kriegen, Bränden, Morden, Bombenattentaten, dem Rückruf von potenziell gefährlichem Spielzeug oder Automobilen, von Epidemien und Skandalen. Warum wird unser Geist so vom Negativen angezogen? Weil er sich um die positiven Dinge, die geschehen könnten, keine Sorgen zu machen braucht. Wenn gute Dinge geschehen, na gut, das ist toll, aber der Geist übergeht diese sehr schnell wieder. Die

Hauptsorge des Geistes ist es, uns vor dem Negativen, dem Gefährlichen zu beschützen.

Unglücklicherweise bedeutet dies, dass Negativität unser Bewusstsein einzufärben beginnt, oft, ohne dass wir es bemerken. Wenn uns diese unterschwellige Neigung unseres Geistes zum Negativen nicht bewusst wird, dann kann sie unbemerkt zunehmen und uns zu dunkleren Bewusstseinszuständen führen, wie etwa Furcht und Depression. Um dieser Neigung entgegenzuwirken und sich von der mentalen Gewohnheit unterschwelliger Negativität abzuwenden sowie mit dem Leben, das wir leben, zufriedener zu sein, brauchen wir das Gegenmittel – Mudita.

> **Schlussworte:** Maezumi Roshi hat uns immer ermahnt: „Schätzt euer Leben!" (Er meinte sowohl unser Alltagsleben als auch unser eines großes Leben. Sie sind nicht voneinander getrennt.)

23

Achtsames Autofahren

DIE ÜBUNG: Bringen Sie achtsame Aufmerksamkeit in Ihr Autofahren. Achten Sie auf alle Körperbewegungen, Bewegungen des Wagens, Geräusche, Gewohnheitsmuster und Gedanken, die mit dem Fahren zu tun haben. (Wenn Sie kein Autofahrer sind, können Sie Ihre Aufmerksamkeit auch auf das Radfahren oder das Fahren in einem Bus oder Zug lenken.)

Gedächtnisstützen

Bringen Sie eine Notiz an Ihrem Lenkrad oder Armaturenbrett an. Es ist am besten, wenn Sie diese Notiz wieder entfernen, bevor Sie zu fahren beginnen, damit diese keine visuelle Ablenkung hervorruft. Sie können sie dann wieder an ihrem Platz anbringen, wenn Sie aus dem Wagen steigen, sodass Sie sie bei der nächsten Fahrt wieder erinnert.

Entdeckungen

Diese Übung ruft den Anfängergeist hervor und hilft dem Übenden, aus dem Fahren auf Autopilot auszusteigen und all die fast unmerklichen Bewegungen beim Fahren zur Kenntnis zu nehmen. Sie können mit dieser Achtsamkeitsübung gleich nach dem Einsteigen in das Auto beginnen. Fühlen Sie den Druck des Sitzes auf Ihren Oberschenkeln, Ihrem Gesäß und Ihrem Rücken. Fühlen Sie, wie Ihre Füße auf dem Boden stehen. Fühlen Sie den Druck des Zündschlüssels, während Sie den Motor starten. Fühlen Sie die Vibrationen, die Ihnen sagen, dass der Motor läuft und Sie ihn nicht abgewürgt haben. Bemerken Sie, wie die Hände das Lenkrad ergreifen – im oberen Bereich, in der Mitte oder unten? Mit einer Hand oder mit zwei Händen? Welche Gefühle tauchen auf, während Sie fahren? So berichten zum Beispiel die meisten Menschen, dass es bei ihnen zu einem Wutausbruch kommt, der ihre geistige Gelassenheit zerstört, wenn sie von einem anderen Fahrer geschnitten werden.

Ich mag es, meine Aufmerksamkeit zur Straße hin auszuweiten, durch die Reifen in den Asphalt, so als sei der Wagen mein Körper und die Reifen wären meine Füße. Ich achte auf die Bodenwellen und Vibrationen, wenn der Wagen aus der Auffahrt auf die Straße und von der Landstraße auf die Autobahn rollt. Ich höre auf die Geräusche des Fahrens, den Klang des Motors, die Geräusche des Fahrtwinds und das Geräusch der Reifen auf dem Asphalt.

Ich habe den japanischen Zen-Meister Harada Roshi einmal von Washington nach Oregon gefahren. Als wir die Grenze zwischen den beiden Bundesstaaten überquerten, schien er halb eingeschlafen zu sein, aber er bemerkte an den Geräuschen sofort die Änderung in der Straßenbeschaffenheit. Ich war beeindruckt von seiner durchgehenden Aufmerksamkeit und gelobte mir, meine eigene weiterzuentwickeln.

Wenn wir achtsames Autofahren üben, dann bemerken wir, dass jede Person einen individuellen Fahrstil hat. Manche Menschen fahren langsam und zaghaft, sodass ihre Mitfahrer ungeduldig werden, während andere noch aufs Gas treten, wenn die Ampel auf Gelb springt, und so durch die Kurven preschen, dass den Mitfahrern übel wird. Manche Fahrer betrachten beim Fahren die Landschaft, oder sie essen und telefonieren, während andere nur auf die Straße konzentriert und auf alle Eventualitäten vorbereitet sind.

Zum achtsamen Autofahren braucht man ein entspanntes und doch waches Bewusstsein. Wenn ich das achtsame Autofahren übe, dann stelle ich mir vor, dass ich – wie man im Zen sagt – „geradeaus" fahre. Dies bedeutet, dass ich mir meines Bestimmungsortes bewusst bleibe und meine Entschlossenheit, dort anzukommen, aufrechterhalte, ganz gleich, wie viele Kurven es gibt, wie oft ich anhalten und wieder losfahren muss, mit wie vielen Umleitungen ich fertig werden muss.

Vertiefung

Da der moderne Mensch so viel Zeit in Beförderungsmitteln verbringt, hilft diese Übung die Frage zu beantworten: „Wann finde ich die Zeit, um Achtsamkeit zu üben?" In einem Fahrzeug achtsam zu sein, kann uns jeden Tag viele Minuten zusätzlicher Übung bescheren und uns zudem helfen, erfrischt an unserem Bestimmungsort anzukommen. Wie bei allen Achtsamkeitsübungen sind beim achtsamen Autofahren Körper, Geist und Herz beteiligt.

Die wesentliche Frage, die all diesen Achtsamkeitsübungen zugrunde liegt, ist: „Bin ich bereit, mich zu ändern?" Achtsames Autofahren verlangt die Bereitschaft, unsere Fahrgewohnheiten zu ändern. Normalerweise sind wir nur bereit, etwas an unserem Leben zu ändern, wenn es nicht mehr funktioniert und wir darunter leiden. So sind wir vielleicht erst dann bereit, die Geschwindigkeitsbegrenzung einzuhalten, wenn wir ein teures Strafmandat erhalten haben. Die Achtsamkeit fordert uns auf, uns aus einem anderen Grund zu ändern – aus reiner Neugier, weil diese Änderung uns zu größerer Freiheit und mehr Glück führen könnte.

Ich fuhr einmal mit einem meiner Zen-Schüler mit und kritisierte seinen unaufmerksamen Fahrstil. Er fragte mich sogleich: „Bitte sagen Sie mir, was Sie sehen und wie ich mich ändern kann." Ich tat das und er änderte sich. Heute ist er ein sehr guter Fahrer. Dies ist die Geisteshaltung eines wahren Schülers – alles, was sich ergibt, als eine Gelegenheit zu begreifen, sich so zu wandeln, dass es anderen nützt.

Wenn Sie mehr Frieden und Zufriedenheit erfahren wollen, müssen Sie alle Aspekte Ihres Lebens untersuchen, sich der Gewohnheitsmuster, die sich in den verschiedenen

Bereichen angesammelt haben, bewusst werden, und Sie müssen bereit sein, jene Muster, die nicht förderlich sind, zu verwerfen. Viele Menschen hoffen, dass sie eines Tages jemandem begegnen oder dass etwas geschehen wird, der oder das ihr Leben blitzartig verändern wird. Sie können ihr ganzes Leben damit verschwenden, zu hoffen, dass das Glück irgendwann von außen kommt. Eine stille, grundlegende Zufriedenheit ist jedoch unser Geburtsrecht; sie ist bereits in uns vorhanden. Achtsamkeit gibt uns ein Fahrzeug, das uns direkt an den Ort bringen kann, wo diese Zufriedenheit wohnt.

> **SCHLUSSWORTE:** Wahre Transformation ist schwierig. Sie beginnt mit kleinen Veränderungen, Veränderungen in unserer Art zu atmen, zu essen, zu gehen und zu fahren.

24

Tief in die Nahrung hineinsehen

DIE ÜBUNG: Nehmen Sie sich beim Essen einen Moment Zeit, um in die Nahrung oder das Getränk hineinzusehen, so als könnten Sie in ihre Geschichte zurückblicken. Verwenden Sie Ihre Vorstellungskraft, um zu sehen, wo diese Dinge hergekommen sind und wie viele Menschen daran beteiligt waren, sie vor Sie auf den Tisch zu bringen. Denken Sie an die Menschen, die die Nahrungsmittel angepflanzt, das Unkraut gejätet, die Nahrung geerntet haben, an die Lastwagenfahrer, die sie transportiert haben, an die Leute, die sie verpackt haben, an die Gemüsehändler und Kassierer an der Ladenkasse sowie an die Familienmitglieder oder anderen Köche, die das Essen zubereitet haben. Danken Sie diesen Menschen, bevor Sie den ersten Bissen oder Schluck nehmen.

Gedächtnisstützen

Befestigen Sie an Ihrem gewohnheitsmäßigen Essplatz Hinweisschilder, auf denen steht „Sieh in dein Essen hinein", zum Beispiel in der Küche oder neben dem Tisch im Esszimmer.

Entdeckungen

In unserem Kloster rezitieren wir vor dem Essen einen Text, der die Zeile enthält: „Wir denken an all die Mühen, die nötig waren, um uns dieses Essen zu bescheren." Wie es bei allen Dingen der Fall ist, die man mehrmals am Tag wiederholt, bedeutet das bloße Rezitieren dieser Worte noch nicht, dass wir bei jeder Mahlzeit tatsächlich an all die

Menschen denken, die involviert waren, um diese Nahrung in unsere Essschale zu bringen. Vielleicht sind wir uns vage des Kochs in der Küche bewusst und sind ihm dankbar, wenn das Essen schmackhaft ist. Daher diese Übung.

Wir haben den Vorteil, dass wir in unserem Kloster viele Nahrungsmittel selbst anbauen. Die Arbeit im Garten und in den Gewächshäusern öffnet unseren Geist für ein Bewusstsein des Aufwands, der nötig ist, um unseren Salat und unsere Karotten bereitzustellen. Wir sind unserem Nachbarn dankbar, während wir den Dünger aus seiner Scheune auf unseren Lastwagen schaufeln und ihn wieder vom Lastwagen herunterschaufeln und ihn zusammen mit den Küchenabfällen auf unserem Komposthaufen stapeln. Wer jemals bei unserem jährlichen Einmachen mitgearbeitet hat, hat einen neuen Respekt für Apfelmus gewonnen, nachdem er geholfen hat, viele Eimer Äpfel von den Bäumen des Nachbarn zu ernten, die Äpfel dann zu waschen, zu zerschneiden, zu kochen, zu pürieren und Hunderte von Gläsern Apfelmus einzumachen. Auch wenn wir die Arbeit, die nötig ist, damit wir uns an einen gedeckten Tisch setzen können, besser kennen als die meisten modernen Menschen, sehen wir, wenn wir diese Übung des tiefen Hineinsehens praktizieren, doch sehr deutlich, dass wir viele Nahrungsmittel für selbstverständlich halten, insbesondere jene, die abgepackt kommen, wie etwa Mehl, Zucker, Salz, Käse, Haferflocken oder Milch.

Wir praktizieren diese Übung häufig als Teil unserer Übung des achtsamen Essens. Sie hilft uns, mit dem inneren Auge zu sehen, sodass wir erkennen, wie viele Menschen ihre Lebensenergie investiert haben, um das Essen auf unseren Teller zu bringen: der Koch, die Kassiererin an der Ladenkasse, die Angestellten, die die Regale gefüllt haben, die Fahrer der Lastwagen, die die Nahrungsmittel geliefert haben, die Menschen in den Verpackungsfabriken, die Bauern und die Saisonarbeiter.

Als mein Ehemann und ich kleine Kinder hatten, verbrachten wir vor jeder Mahlzeit einige Minuten in Stille, um darüber nachzudenken, wer uns unsere Nahrung beschert hatte. Wir lebten in einer Großstadt, wo die meisten Kinder glauben, dass alle Nahrungsmittel, einschließlich der Frischwaren, aus dem Supermarkt kommen, wo sie auf geheimnisvolle Weise hinter den Kulissen produziert werden – vermutlich aus Plastik. Selbst viele intelligente Erwachsene in den Vereinigten Staaten wissen nicht, wo ihre Nahrungsmittel herkommen. Als ein Gast unseres Klosters eine Suppe kochte und um Zwiebeln bat, ging ich nach draußen und kehrte mit zwei Zwiebeln zurück, die ich im Garten aus dem Boden gezogen hatte. Der Gast war entsetzt. Was waren das für komische *schmutzige* Dinger?

Die BBC hat sich einmal einen herrlichen Aprilscherz geleistet: Sie brachte in den Abendnachrichten einen Bericht über die ertragreiche Spaghettiernte in der Schweiz. (Sie finden den Videoclip im Internet, wenn

Sie als Suchbegriffe „spaghetti harvest Switzerland BBC" eingeben.) Der Film zeigt in Trachten gekleidete Frauen, die fröhlich lange Stränge von Spaghetti von Bäumen pflücken, und Schweizer, die dann die gute Ernte mit einem „traditionellen" Spaghettiessen feiern. Viele Menschen riefen daraufhin bei der BBC an, um zu fragen, wo sie einen Spaghettibaum für ihren Garten kaufen könnten!

Vertiefung

Wenn wir tief in unsere Nahrung hineinsehen, werden wir uns unserer totalen Abhängigkeit von der Lebensenergie zahlloser anderer Wesen bewusst. Hält man einmal inne, um über eine einzelne Rosine in dem Müsli, das man vor sich hat, nachzudenken, und zählt, wie viele Menschen daran beteiligt waren, sie uns zukommen zu lassen – von der Pflanzung des Weinstocks über das Beschneiden des Weinstocks und das Unkrautjäten im Weinberg – dann sind es mindestens ein Dutzend Menschen. Geht man noch weiter zurück zum Ursprung der im Mittelmeerraum gezüchteten Weinstöcke, so sind es Zehntausende von Menschen. Nimmt man noch die nichtmenschlichen Lebewesen hinzu – Regenwürmer, Bodenbakterien, Pilze, Bienen –, dann sind es Millionen von Lebewesen, deren Lebensenergie uns zugutekommt und sich in der Rosine in unserer Schale und letztlich im Leben unserer eigenen Körperzellen manifestiert.

Dies zu erfahren heißt, den wahren Sinn von Kommunion in der eigenen Seele zu erfahren. Jedes Mal, wenn wir essen oder trinken, treten wir in Kommunion mit zahllosen Wesen. Leben stirbt, tritt in unseren Körper ein und wird wieder zu Leben. Dies geschieht immer wieder, bis wir sterben und dann all diese Energie zurückerstatten. Unser Körper zerfällt und ersteht wieder in vielen neuen Lebensformen auf.

Wie können wir so vielen Wesen etwas zurückgeben? Nicht mit Geld. Müssten wir jeder Person, die mit dieser Rosine umgegangen ist, einen Euro zahlen, dann wären

Rosinen die Speise der Könige. Können wir sie wenigstens mit dankbarer Bewusstheit würdigen, mit einem achtsamen Moment der Anerkennung ihrer harten Arbeit, bevor wir zu essen beginnen?

Der Zen-Lehrer Thich Nhat Hanh sagt:

> Jemand, der Achtsamkeit praktiziert, vermag Dinge in einer Mandarine zu sehen, die andere nicht sehen können. Eine bewusste Person sieht den Mandarinenbaum, die Mandarinenblüten im Frühling, das Sonnenlicht und den Regen, die den Baum genährt haben. Schaut man tief in die Dinge hinein, dann vermag man die zehntausend Dinge zu sehen, die die Mandarine möglich gemacht haben ... und wie alle Dinge miteinander in Wechselwirkung stehen.

SCHLUSSWORTE: Wenn wir essen, dann fließt die Lebensenergie von vielen Wesen in uns hinein. Wie können wir ihnen das danken? Indem wir für das, was wir essen, voll und ganz präsent sind.

25

Liebende Güte für den Körper

DIE ÜBUNG: Praktizieren Sie eine Woche lang liebende Güte für Ihren Körper. Verwenden Sie mindestens fünf Minuten täglich auf diese Übung. Sie könnten dies während Ihrer Meditationszeit tun. Setzen Sie sich auf einen bequemen Stuhl und atmen Sie normal. Seien Sie sich bei jedem Einatmen bewusst, dass frischer Sauerstoff und Lebensenergie in Ihren Körper eintreten. Senden Sie diese Energie bei jedem Ausatmen durch den Körper, zusammen mit diesen stillen Worten: „Mögest du frei von Unwohlsein sein. Möge es dir wohlergehen. Mögest du gesund sein."

Schließlich können Sie diesen Ablauf vereinfachen, indem Sie bei jedem Ausatmen einfach nur noch „Wohlergehen" sagen. Immer dann, wenn Ihre Aufmerksamkeit im Laufe des Tages auf Ihren Körper gelenkt wird (etwa wenn Sie sich selbst in einem Spiegel sehen oder wenn Sie ein Unwohlsein verspüren), dann senden Sie dem Körper liebende Güte, und sei es nur für einen Moment.

Gedächtnisstützen

Bringen Sie an strategisch günstigen Stellen die Worte „Liebende Güte für den Körper" an – etwa an Ihrem Spiegel, neben Ihrem Nachttisch oder an der Decke über Ihrem Bett. Wenn Sie lieber ein Bild verwenden, dann könnte es der Umriss eines Körpers mit einem großen Herzen in der Mitte sein.

Entdeckungen

Viele Menschen verspüren Widerstand gegen diese Übung. Sie „vergessen" immer wieder, sie zu praktizieren. Schließlich entdeckten sie, dass diesem Widerstand eine Abneigung gegenüber ihrem Körper zugrunde liegt. Unser ganzes Leben lang hat man uns Bilder von perfekten Körpern vor Augen geführt sowie von Menschen, deren Jugend, Reichtum, Chirurgen oder Steroide es ihnen erlaubt haben, einen solchen Körper zu schaffen – Filmstars, Schönheitsköniginnen, Bodybuilder und professionelle Athleten. Unser gewöhnlicher Körper lässt sich nicht mit dem ihren vergleichen, und so kann sich in unserem Geist eine unterschwellige Abneigung gegenüber unserem Körper ansammeln. Mein Bauch ist zu fett, meine Brüste haben die falsche Größe, meine Beine sind zu kurz, meine Haare oder meine Augen haben die falsche Farbe.

Früher hatten vor allem Frauen hiermit zu kämpfen, doch die Werbung hat jetzt auch die Männer mit diesem durchgängigen Ungenügen infiziert. Ein junger Mann gestand, dass er immer seine Brustbehaarung gehasst hatte. Dies war überraschend, weil viele Männer über einen Mangel an „männlicher" Brustbehaarung klagen. Er berichtete, man habe sich auf der Schule über ihn lustig gemacht, weil seine Brustbehaarung schon früh zu wachsen begann. Obwohl ihm klar war, dass die anderen Jungs tatsächlich neidisch waren, blieb doch eine schmerzliche und hartnäckige Beschämung in ihm zurück.

Andere Menschen finden heraus, dass sie sich lieber „in ihrem Kopf" aufhalten und Gedanken denken, die sie kontrollieren können, als Achtsamkeit auf den Körper mit all seinen geheimnisvollen und manchmal sogar erschreckenden Empfindungen zu praktizieren. Was hat dieser kurze, plötzliche Schmerz in meinem Kopf zu bedeuten? Habe ich vielleicht einen Gehirntumor? Unserem Körper widerfahren so viele Dinge, die wir nicht kontrollieren können – etwa Krankheiten, Altern und Sterben. So kann es sein, dass wir uns von unserem Körper bedroht oder sogar verfolgt fühlen. Warum nur verhält er sich nicht wie eine perfekte, wartungsfreie und stets wie geschmiert laufende Maschine?

Vertiefung

Nichts kann blühen und gedeihen, wenn es mit negativer Energie bombardiert wird – weder Kinder noch Haustiere noch Topfpflanzen, noch unser Körper. Wenn das Erscheinungsbild unseres Körpers nicht den Normen unseres inneren Perfektionisten oder unseres inneren Kritikers entspricht, kann es sein, dass wir uns seinetwegen frustriert oder verärgert fühlen. Dies kann auch geschehen, wenn ein Körperteil durch eine Verletzung oder eine Krankheit in Schwierigkeiten ist. Wir beginnen unseren Körper zu fürchten oder wütend auf ihn zu sein. Dies ist keine gesunde Umgebung für unseren Körper und kann sogar zu einer Krankheit führen.

Liebende Güte ist eine spürbare Kraft, eine heilende Kraft. Die Menschen erkennen auch, dass sie sich physisch besser fühlen, wenn sie ihrem Körper liebende Güte senden. Geistige Anspannung erzeugt körperliche Spannung, die die Muskeln verkrampft und die Durchblutung einschränkt. Da ich nun älter geworden bin, mag mein Körper nicht mehr so früh am Morgen aufstehen. Praktiziere ich jedoch zu Beginn meiner Morgenmeditation liebende Güte für meinen Körper, so ist das, als nähme ich zwei Aspirin. Übe ich vor dem Einschlafen liebende Güte für meinen Körper, so kann ich mich tiefer entspannen. Und lasse ich sie meinem Körper zukommen, wenn er müde oder krank ist, so fühlt sich das an wie ein heilender Balsam. Liebende Güte führt dazu, dass wir uns auf allen Ebenen – in Körper, Geist und Herz – wohler fühlen.

Vielen Menschen widerstrebt es, sich selbst liebende Güte zukommen zu lassen. Sie haben das Gefühl, dies wäre egoistisch und sie sollten diese für andere praktizieren, die sich in einem schlechteren Zustand als sie selbst befinden. Doch liebende Güte für uns selbst ist keineswegs egoistisch. Es ist eine Vorbedingung dafür, dass wir sie auf andere Menschen ausdehnen können. Ist unser eigenes Reservoir an liebender Güte gefüllt, dann wird sie ganz natürlich überlaufen und zu anderen Menschen hin fließen.

SCHLUSSWORTE: Praktizieren Sie täglich und wenigstens einmal pro Tag liebende Güte für Ihren Körper. Dies ist die beste Art von alternativer Medizin.

26

Lächeln

Die Übung: Bitte gestatten Sie es sich eine Woche lang, zu lächeln. Achten Sie auf Ihren Gesichtsausdruck. Bemerken Sie von innen her: Sind die Mundwinkel abwärts oder aufwärts gerichtet? Sind die Zähne zusammengebissen? Ist die Region zwischen den Augenbrauen angespannt und die Stirn gerunzelt? Wenn Sie an einem Spiegel oder spiegelnden Fenster vorbeikommen, werfen Sie einen Blick auf Ihren Gesichtsausdruck. Wenn Sie einen neutralen oder negativen Ausdruck bemerken, lächeln Sie. Dies muss kein breites Grinsen sein; es kann ein sanftes Lächeln sein, wie das Lächeln der Mona Lisa.

Gedächtnisstützen

Befestigen Sie an verschiedenen Stellen – etwa an Spiegeln und vielleicht an Ihrem Computer, am Armaturenbrett Ihres Autos, an der Innenseite Ihrer Wohnungstür oder an Ihrem Telefon – einen Sticker mit dem Wort „Lächeln" oder ein Bild von lächelnden Lippen. Sie können versuchen, während eines Telefongesprächs zu lächeln, wenn Sie an einer roten Ampel stehen oder wenn Ihr Computer gerade das „Bitte warten"-Icon zeigt. Wenn Sie meditieren, versuchten Sie es mit einem sanften „inneren Lächeln", das dem Lächeln auf dem Gesicht des Buddha gleicht.

Entdeckungen

Manchen Menschen widerstrebt es, diese Übung zu praktizieren. Sie haben das Gefühl, dass dieses Lächeln die ganze Zeit „falsch" oder unnatürlich ist. Wenn sie jedoch mehrfach am Tag in einen Spiegel sehen, sind sie vielleicht ziemlich überrascht zu entdecken, dass ihr gewohnheitsmäßiger Gesichtsausdruck während all der Zeit, in der sie glauben, freundlich zu schauen, tatsächlich negativ ist – ein leichtes Stirnrunzeln, abwärts zeigende Mundwinkel, die Missbilligung signalisieren. Wird den Leuten dies erst einmal klar, versuchen sie oft, ihren Gesichtsausdruck mehr zum Positiven hin zu verändern.

In unserem Kloster haben wir einmal eine extremere Version der Übung des Lächelns ausprobiert, den sogenannten „Lach-Yoga". Wir haben uns dabei – ganz gleich, wie wir uns fühlten – um 9:00 Uhr früh in einem Kreis versammelt, eine Glocke geläutet und haben dann volle zwei Minuten lang gelacht. Gelächter, das sich anfangs „künstlich" anfühlte, wurde zu einem echten Lachen, als wir andere Leute lachen sahen. Die Leute entdeckten, dass diese Übung großen Spaß machte und eine positive Stimmung hervorrief, sobald sie einmal ihren Widerstand dagegen, zu lächeln oder zu lachen, wenn ihnen nicht danach war, überwunden hatten. Ein Lehrer gab einem ziemlich mürrischen Schüler einmal die Übung, während einer einwöchigen Klausur die ganze Zeit zu „grinsen wie ein Idiot". Der Mann, der schon viele lange Klausuren mitgemacht hatte, sagte, dies sei die entspannteste und erfreulichste Klausur gewesen, die er jemals absolviert hatte.

Es gibt viele interessante Forschungen zum Lächeln. In allen menschlichen Kulturen ist das Lächeln Ausdruck von Glück. Lächeln ist etwas Angeborenes, nichts Erlerntes. Jedes Baby beginnt um den vierten Monat herum zu lächeln, selbst wenn es blind geboren wurde. Schon Babys lassen unterschiedliche Arten des Lächelns erkennen, wenn sie ihre Mutter sehen („echtes" Lächeln) oder wenn sich ihnen ein Fremder nähert („soziales" Lächeln nur mit dem Mund, aber nicht mit den Augen). Das Lächeln ist ein wirkungsvolles soziales Signal. Zeigt man Menschen Bilder von unterschiedlichen ethnischen Gruppen, dann finden sie jene Gruppen sympathischer, deren Mitglieder lächeln. Lächeln hilft, Zorn bei anderen zu entschärfen. Man kann ein Lächeln auf eine Distanz von 100 Metern – die Distanz eines Speerwurfs – von einem negativen Gesichtsausdruck unterscheiden.

Die Forschung zeigt auch, dass das Lächeln viele förderliche physiologische Wirkungen hat. Es senkt den Blutdruck, stärkt das Immunsystem und setzt natürliche Schmerzmittel (Endorphine) sowie ein natürliches Antidepressivum (Serotonin) frei. Menschen, die auf herzliche Weise lächeln, leben im Durchschnitt sieben Jahre länger als jene Menschen, die es nicht gewohnt sind zu lächeln. Lächeln lässt uns auch für andere Menschen attraktiver, erfolgreicher, jünger und liebenswerter aussehen.

Vertiefung

Lächeln ist ansteckend. Menschen, die aus einer Meditationsklausur kommen, sind oft überrascht, dass andere Menschen sie anlächeln, selbst Fremde, denen sie auf der Straße oder in einem Geschäft begegnen. Dann wird ihnen klar, dass ihr innerlich entspannter Zustand sich als ein äußeres Lächeln manifestiert und dass andere einfach auf dieses Lächeln reagieren. Die Wohltat wird erwidert: Wenn andere Menschen zurücklächeln, verbessert sich unsere Laune.

Wenn wir lächeln, so hat das nicht nur eine Wirkung auf die Stimmung anderer Menschen, sondern auch auf unsere eigenen Gefühle. Es gibt eine Rückmeldung von den Gesichtsmuskeln zu unserem Gehirn. Der Zen-Lehrer Thich Nhat Hanh sagt: „Manchmal ist Ihre Freude die Quelle Ihres Lächelns, doch manchmal kann Ihr Lächeln auch die Quelle Ihrer Freude sein."

Wenn Sie lächeln und sogar dann, wenn Sie einfach nur Ihren Mund strecken, als würden Sie lächeln, dann hebt sich Ihre Stimmung. Bei Menschen, die Botox benutzen, um Falten in ihrem Gesicht auszubügeln, nimmt die Fähigkeit ab, ihre Gesichtsmuskeln zu bewegen, auch diejenigen, die am Lächeln beteiligt sind, und damit nimmt auch die Stärke ihrer Emotionen, der positiven wie der negativen, ab. Die Erforschung des Lächelns hat klar gezeigt, dass eine Kontrolle des Gesichts helfen kann, den Geist sowie die Gefühle, die er hervorbringt, zu kontrollieren. Dale Jorgensen, ein Experte, was die Auswirkungen des Lächelns angeht, sagt:

> Ich habe ziemlich viel darüber nachgedacht. Was ich herausgefunden habe, hat eines der Prinzipien, von denen ich mich leiten lasse, verstärkt – nämlich dass wir wirklich für unser Schicksal verantwortlich sind. Wir haben vermöge unseres Handelns tatsächlich einen Einfluss auf das, was uns widerfährt. Das Lächeln ist ein Fall, in dem ein einfacher Akt eine tiefgreifende Auswirkung auf die Art von Erfahrungen haben kann, die wir mit anderen Menschen machen und damit, wie sie uns behandeln.

Der Buddha wird immer mit einem sanften Lächeln auf dem Gesicht dargestellt. Es ist ein inspirierendes Lächeln, ein Lächeln, das der Freude der achtsamen Wachheit entspringt – der Freude eines Menschen, der unter allen Umständen zufrieden ist, selbst bei seinem Tod.

SCHLUSSWORTE: Wenn das Lächeln solch eindeutig positive Auswirkungen auf uns und die Menschen um uns herum hat, dann sollten wir es vielleicht mit einer „ernsthaften" lebenslangen Praxis des Lächelns versuchen.

Sitzmeditation für Anfänger

Mich hat einmal jemand gefragt: „Müssen wir lernen zu meditieren? Ist Achtsamkeit nicht genug?" Das hängt davon ab. Genug wofür? Reicht Achtsamkeit aus, um Sie glücklicher zu machen? Ja. Sie reicht aus, um das allgemeine Unbehagen, die alles durchdringende Angst, die unterschwellige Depression und die Ruhelosigkeit auszuräumen, die uns so oft heimsuchen. Medizinische Studien haben gezeigt, dass die Übung von Achtsamkeit Schmerzen sowie viele Krankheiten von Körper und Geist – von Asthma bis zur Schuppenflechte, von Essstörungen bis zur Depression, lindern können. Es ist wahrhaftig eine wundervolle Entdeckung, dass es uns glücklicher und gesünder machen kann, wenn wir einfach präsent sind und uns unser Leben in vollerem Umfang zu eigen machen.

Achtsamkeitsübungen sind eine Art von Meditation-in-Aktion oder Gebet-in-Aktion. Es gibt noch einen anderen Aspekt der Achtsamkeit, zu dem das stille Sitzen gehört. Wir nennen ihn oft die Sitzmeditation. Wenn der Körper stillhält, kann auch der Geist ruhiger werden. Wenn der Geist sich beruhigt, dann vermögen wir etwas Raum um das Gewirr unserer Gedanken herum zu schaffen. Wir bekommen die Möglichkeit, die wichtigen Fragen unseres Lebens tief zu erkunden.

Wenn der individuelle Geist mit all seinen Erinnerungen und Sorgen still ist, gewinnen wir Zugang zu einem tiefen Strom von Weisheit, der in Form von Einsichten an die Oberfläche treten kann, die die Kraft besitzen, den Verlauf unseres Lebens zu ändern. Das Auftauchen dieser Weisheit wird unterschiedlich benannt: Durchbruch, Erwachen zur Wahrheit, Stimme des Göttlichen.

Ganz gleich, wie es benannt wird – wenn wir es in uns selbst erfahren, wird unser Leben transformiert. Es macht uns keine Angst mehr, in dieser unvorhersehbaren, komplexen Welt zu leben. Wir wissen, dass wir, genauso wie alle anderen Lebewesen, zu dieser Welt gehören – und zwar genau dort, wo wir sind, und genau so, wie wir sind.

Hier sind die grundlegenden Anleitungen zur Sitzmeditation. Ich möchte Sie ermutigen, einen Lehrer zu suchen, der Sie weiterführen kann.

Grundlegende Meditationsanweisungen

Setzen Sie sich auf einen Stuhl oder auf ein Sitzkissen am Boden. Ihre Haltung sollte entspannt, aber aufrecht sein, sodass Sie viel Raum in Ihrer Brust und Ihrem Bauch für die Atmung haben. (Wenn es Ihnen nicht möglich ist, aufrecht zu sitzen, dann können Sie auch liegend meditieren.)

Richten Sie Ihre Aufmerksamkeit auf Ihren Atem. Finden Sie Stellen in Ihrem Körper, an denen Sie die Empfindungen des Atmens besonders deutlich spüren. Versuchen Sie nicht, Ihre Atmung zu verändern; Ihr Körper weiß sehr gut, wie er atmen soll. Kehren

Sie mit Ihrer Aufmerksamkeit einfach immer wieder zur Atmung zurück.

Lassen Sie Ihre Aufmerksamkeit für die volle Dauer des Einatmens und die volle Dauer des Ausatmens bei der sich ständig verändernden Empfindung des Atmens verweilen. Immer, wenn Ihr Geist von der Aufmerksamkeit auf den Atem abschweift (was wahrscheinlich oft geschieht), lenken Sie ihn sanft wieder auf die Atmung zurück. Dabei machen wir die Erfahrung, entspannt, aber vollkommen präsent zu sein, so als seien wir an einem Ferientag aufgewacht und hätten sonst nichts zu tun, außer uns der einfachen Freude des Dasitzens und Atmens zu widmen.

Fahren Sie damit etwa 20 oder 30 Minuten fort, das ist ein guter Zeitraum für eine Meditationssitzung. Es ist auch gut, wenn Sie länger sitzen wollen. Es ist am besten, wenn Sie jeden Tag meditieren und die Meditation zu einem Teil Ihrer persönlichen Hygiene machen – so als nähmen Sie eine Dusche (für Ihren Geist). An einem sehr vollgepackten Tag müssen Sie die Meditation vielleicht verkürzen. Fünf oder zehn Minuten täglich ist besser als einmal im Monat zwei Stunden. Ich finde, dass sich jede Minute der Meditation doppelt und dreifach in Form von mehr Klarheit, Gleichmut und Effizienz während eines anstrengenden Tages auswirkt.

Weitere Übungsformen

Einige der Übungen in diesem Buch kann man in die Perioden der Meditation, Kontemplation oder des Gebets integrieren. Seien Sie kreativ. Hier sind einige wenige Beispiele:

Kapitel 3:
Die eigenen Hände wahrnehmen

Öffnen Sie beim Meditieren Ihr Gewahrsein für die Gefühle in Ihren Händen, insbesondere, wenn diese sich berühren. Christen mögen vielleicht auf den Gedanken „Dies sind die Hände Gottes" meditieren.

Kapitel 10:
Nur drei Atemzüge

Halten Sie Ihren Geist während der Meditation für drei Atemzüge vollkommen offen und empfänglich, frei von jedem Gedanken. Dann entspannen Sie sich und lassen Ihren Geist wandern, wie er will. Nach einigen Minuten lassen Sie Ihre Gedanken erneut fallen und richten Ihre volle Aufmerksamkeit für drei Atemzüge auf das Thema des Gebets oder der Meditation. Wiederholen Sie dies immer wieder.

Kapitel 21:
Zuhören wie ein Schwamm

Lauschen Sie während der Meditation oder Kontemplation aufmerksam auf alle Geräusche, die Sie hören, sowohl die offenkundigen als auch die kaum wahrnehmbaren Geräusche. Lauschen Sie, als könnten Sie jeden Moment eine wichtige Botschaft hören.

Literaturempfehlungen

Die im Folgenden genannten Bücher gehören zu den am klarsten geschriebenen und populärsten Büchern über Achtsamkeit:

Gunaratana, Mahathera Henepola: *Die Praxis der Achtsamkeit. Eine Einführung in die Vipassana-Meditation.* Heidelberg: Kristkeitz, 2002.

Hanh, Thich Nhat: *Das Wunder der Achtsamkeit.* Berlin: Theseus, überarbeitete Neuauflage 2001.

Hanh, Thich Nhat: *Die Kunst des glücklichen Lebens.* Berlin: Theseus, 2001.

Kabat-Zinn, Jon: *Gesund durch Meditation. Full Catastrophe Living.* München: Barth, 2011.

Kabat-Zinn, Jon: *Im Alltag Ruhe finden. Meditationen für ein gelassenes Leben.* Frankfurt am Main: Fischer Taschenbuch, 2010.

Über die Autorin

Dr. med. Jan Chozen Bays ist Kinderärztin, Meditationslehrerin und Autorin von „Achtsam Essen". Darüber hinaus ist sie Äbtissin des Great-Vow-Zen-Klosters in Oregon, wo die Achtsamkeitsübungen dieses Buchs entwickelt und verfeinert wurden. Die Ehefrau, Mutter und Großmutter arbeitet gerne im Garten, gestaltet mit Ton und spielt Marimba. Weitere Informationen finden Sie unter www.great vow.org/teachers.htm.

Die Mini-Taschenbücher für unterwegs

Gelegenheiten achtsam zu sein, zu meditieren und zur Ruhe zu kommen gibt es immer – auch dann, wenn Sie UNTERWEGS sind.

Morihei Ueshiba
Die Kraft des Friedens ON THE GO
ISBN 978-3-86410-143-4

Frank A. Petter
Glücklichsein ON THE GO
ISBN 978-3-86410-118-2

Doris Iding
Gelassenheit ON THE GO
ISBN 978-3-86410-119-9

David Richo
Herzensgüte ON THE GO
ISBN 978-3-86410-117-5

www.windpferd.de